说话教室

戴尔·卡耐基 / 著

图书在版编目（CIP）数据

说话教室 / (美) 卡耐基著 ; 牧村译 . -- 南昌 : 二十一世纪出版社集团 , 2015.6(2022.4重印)

ISBN 978-7-5568-0824-3

Ⅰ . ①说… Ⅱ . ①卡… ②牧… Ⅲ . ①语言艺术–通俗读物 Ⅳ . ① H019-49

中国版本图书馆 CIP 数据核字 (2015) 第 101305 号

说话教室 戴尔 · 卡耐基 / 著

责任编辑 敖登格日乐
出版发行 二十一世纪出版社集团
（江西省南昌市子安路 75 号 330009）
www.21cccc.com cc21@163.net
出 版 人 张秋林
经　　销 新华书店
印　　刷 三河市人民印务有限公司
版　　次 2015 年 9 月第 1版 2022 年 4 月第 3 次印刷
开　　本 880 mm × 1230 mm 1/32
印　　张 7.25
字　　数 140 千
书　　号 ISBN 978-7-5568-0824-3
定　　价 30.00 元

赣版权登字—04—2015—396

如发现印装质量问题，请寄本社图书发行公司调换 0791-86524997

名人推荐

除了自由女神，卡耐基或许就是美国的象征。

——美国《时代周刊》

在出版史上，没有任何一本书能像卡耐基那样持久地深入人心，也唯有卡耐基的书，才能在他辞世半个世纪后，还占据着我们的排行榜。

——《纽约时报》

与我们应取得的成就相比，我们只不过是半醒着，我们只利用了身心资源的一部分。卡耐基因为帮助职业人士开发他们蕴藏着的潜能，在成人教育中掀起了一种风靡全球的运动。

——威廉·詹姆斯（哈佛大学著名心理学教授）

由卡耐基开创并倡导的个人成功学，已经成为这个时代有志青年迈向成功的阶梯，通过它的传播和教导，无数人明白了积极生活的意义，并由此改变了他们的命运。卡耐基留给我们的不仅仅是几本书和一所学校，其实真正价值是：他把个人成功的技巧传授给了每一个想成功的年轻人。

——肯尼迪总统（1963 年在卡耐基逝世纪念会上的演讲）

你真想将自己的生活改变得更好吗？如果是，那么本书可能是你们遇到的最好的书之一。

阅读它，再阅读它，然后开始行动。

——奥格·曼丁诺（《世界上最伟大的推销员》作者）

《读者文摘》推介

本书对你有什么影响

改变你陈旧的观念，给你新的一页，让你耳目一新！

使你交友迅速，广受欢迎，易得知己。

帮助你不畏困难，建立积极的人生观。

帮助你使人赞同你，喜欢你。

增加你的声望，和你成功事业的能力。

使你获得新的机会。

增加你赚钱的能力。

帮助你成为一个更好的推销员或高级职员。

帮助你应付抱怨，避免责难，使你与人相亲相爱。

使你成为一个更好的演说家，一个健谈者。

使你每日生活中，易于应用这些心理学上的原则。

使得有你在的场合，便可激起人生的热忱。

作者简介

戴尔·卡耐基，被誉为20世纪人类最伟大的人生导师，也是成功学大师。

卡耐基于1888年11月24日出生在美国密苏里州的一个贫苦农民家庭，是一个朴实的农家子弟，他的童年和其他美国中西部农村的男孩子并没有什么不同，他帮父母干杂事、挤牛奶，即使贫穷也不以为意。这或许是因为他根本不觉得自己家里很贫穷。在那个没有农业机械的年代，他和父亲同样做着那些繁重的体力活，而一年的辛劳却可能因为一场水灾而付诸东流，或者被骄阳晒枯了，或者喂了蝗虫。卡耐基眼见父亲因为这些永无终止的操劳而备受折磨，发誓绝不拿自己的一生来和天气赌每年收成到底是如何。

如果说卡耐基的童年和其他农村男孩子有什么不同的话，那主要是受到他母亲的强烈影响。她是一名虔诚的教徒，在嫁给卡耐基的父亲之前曾当过教员。她鼓励卡耐基接受教育，她的梦想是让儿子将来当一名传教士或教师。

1904年，卡耐基高中毕业后就读于密苏里州华伦斯堡州立师范学院。他虽然得到全额奖学金，但由于家境的贫困，他还必须参加各种工作，以赚取必要的生活费用。这使他感到羞耻，养成了一种自卑的心理。因而，他想寻求出人头地的快捷方式。在学校里，具有特殊影响和名望的人，一类是棒球球员，一类是那些辩论和演讲获胜的人。他知道自己没有运动员的才华，就决心在演讲比赛上获胜。他花了几个月的时间练习演讲，但一次又一次地失败了。失败带给他的失望和灰心，甚至使他想到自杀。然而在第二年里，他开始获胜了。

当时，他的目标是得到学位和教员资格证书，好在家乡的学校教书。

但是，卡耐基毕业后并没有去教书。他前往国际函授学校总部所在地丹佛市，为该校做推销员，薪水是一天两美元，这笔收入可以支付他的房租和膳食，此外还有推销的佣金收入。

尽管卡耐基尽了最大的努力，但是并不太成功，于是又改而推销肉类产品。为了找到这种工作，他一路上免费为一个牧场主人的马匹喂水、喂食，搭这人的便车来到了奥马哈市，当上了推销员，周薪为 17.31 美元，比他父亲一年的收入还要高。

虽然卡耐基的推销干得很成功，成绩由他那个区域内的第 25 名跃升为第 1 名，但他拒绝升任经理，而是带着积攒下来的钱来到纽约，当了一名演员。作为演员，卡耐基唯一的演出是在话剧《马戏团的波莉》中担任一个角色。在这次话剧旅行演出一年之后，卡耐基断定自己干戏剧这行没有前途，于是他又改回推销的老本行，为一家汽车公司推销汽车。

但做推销员并不是卡耐基的理想。

在他从事汽车推销时，他对自己的能力很怀疑。

有一天，一位老者想买车，卡耐基又背诵了那套“车经”。

老者淡淡地说：“无所谓的，我还走得动，开车只不过是尝一尝新鲜劲儿，因为我年轻时曾梦想成为汽车设计师，那时还没有汽车呢……”

老者的一番话，慢慢吸引了卡耐基。他详细地和老者讨论起自己在公司的情况，后来他们的谈话又转到了人生的话题。卡耐基讲述了自己最近的烦恼：“那天凌晨，对看一盏孤灯，我对自己说：‘我在做什么，我的梦想是什么，如果我想要成为作家，那为什么不从事写作呢？’您认为我的看法对吗？”

“好孩子，非常棒！”老者的脸上露出轻松的笑容，继而说：“你为什么要为一个你不关心又不能付你高薪的公司卖命呢？你不是想赚大钱吗？写作，在今天也是个不错的选择呀！”

“不，老先生，放弃工作是不可能的，除非我有别的事可做。但是我能做什么呢？我有什么能力能让自己满意地赚钱和生活呢？”卡耐基问。

老者说：“你的职业应该是能使你感兴趣，并发挥才能的。既然写作很适合你，为什么不试一试？”

这一句话，让卡耐基茅塞顿开。那份埋藏在胸中奔涌已久的写作激情，被老者的几句话给激活了。

于是，从那天起，卡耐基决定换一种生活。他要当一位受人尊敬、受人爱戴的伟大作家……

一个偶然的机会，卡耐基发现自己所在城市的青年会（YMCA）在招聘一名讲授商务技巧的夜大老师。于是他前去应聘，并且被录用了。

卡耐基的公开演说课程，不仅包括了演说的历史，还有演说的原理知识。除此之外，他还发明了一种独特而非常有效的教学方式。

当他第一次为学员上课时，就直接点名让学员谈他们自己，向大家讲述他们日常生活中发生的事。当一个学员说完以后，另一个学员接着站起来说，然后再让其他学员站起来说。这样，直到班上每一个学员都发表过简短的谈话。

卡耐基后来说："在不知道究竟该怎么办的情况下，我误打误撞，找到了帮助学员克服恐惧的最佳方法。"

从此以后，卡耐基这种鼓励所有学员共同参与的教学方法，成为激发学员兴趣和确保学员出席的最有效方法。虽然这种方法在当时尚无先例，也没有什么方法可以评定他这套方法的效果，但它确实奏效了，并且已经在全世界教出了许多更会说话且更有信心的人。

这一哲理的成功，可以从成千上万名毕业学员写来的信中得到证明。写这些信的学员有工厂工人、家庭主妇、政界人士、公司负责人、教师及传教士，他们的职业遍及了各行各业。

卡耐基于1955年11月1日去世，只差几个星期67岁。追悼会在森林山举行，被葬在密苏里州他父母亲墓地的附近。

1955年11月3日，华盛顿一家报纸刊载了下面这段文字：

那些愤世嫉俗的人过去常常揣测，如果每个人都接受并且遵照卡耐基的话语去做，那将会成什么局面？卡耐基先生在星期二去世了，他从来不屑于这些世故者的风凉话。他知道自己所做的事，而且做得极好。他在自己的书中和课程上，努力教导一般人克服无能的感觉，学会如何讲话、如何为人处世。

千百万人受到他的影响，他的这些哲理如文明一样古老，如"十诫"一般简明，对于人们在这个狂乱的年代里获得快乐和成就极有帮助。

目　录

前　言

这本“说话术”，不止告诉我们谈话的秘诀，同时对自我启发、工作、人际关系、人生应有的态度等的改善，都有很好的启示。同时，它也是基于众多的体验写成，并非桌上的议论以及学问上的研究报告所能比拟，具有一股强大的说服力，以及不可抗拒的魅力。这也就是世界各地之所以有那么多卡耐基信奉者的最大理由。

人类社会是由“沟通”所形成，且“沟通”的方式绝大部分是靠“说”与“听”两者所形成。虽然沟通的方式还有使用眼睛“看”的方式与利用皮肤“接触”的方式，以及“嗅”的方式，但是仍然以“说”及“听”占据压倒性的多数，其范围较大，而且已经是我们生活的绝大部分。

古人标榜“沉默是金”，一向以少说话为美德，但是社会已经变迁，不善于谈话的人，已经不适合担任沟通者或领导者了。

如今所谓的价值观以及欲求都改变了。由于生活趋向于多样化，纵然是在同一时代中，价值观及欲求也倾向多样化。在如此复杂的人际关系中，如果一直保持沉默的话，就不能使“沟通”进行得圆满。因此，非具有正确与有效的谈话技巧不可。

就“沟通”方面的能力来说，不仅对于领导者很重要，一般的从业人员也不可或缺，因为企业环境越来越艰难，为了能够顺利地进行工作，非得跟上司及同事之间有着圆满的沟通不可。如果缺乏自我主张以及说服的能力，将被逐入对自己不利的境地。所以，为了保持职业上的良好人际关系，以及使各单位的工作配合良好，培养“说话术”以及沟通能力，已经变成了刻不容缓的事了。

除了职业上以外，在家庭中的父母与子女如果缺乏沟通，也将导致诸多问题，而这些问题也正是说话能力不足所带来的弊害。虽然电子、计算机以及种种的通信技术日新月异，人们的生活水平不断地提高，但是所谓的“说话能力”，仍然有增强的必要性。

本书自 1931 年出版以来，一直是训练如何说话的首选作品，尽管科技日新月异，而说话这门技巧仍然不变，它脱离不了人性的弱点。本书除了可以训练自己的说话技巧，以增进沟通的能力，还可以藉此增强自信，提高积极人生的勇气！

第一部

有效率说话的基本原则

第一章　说话的四种基本态度

所有人的共同愿望

1912 年，“铁达尼”号沉没于冰冷的北大西洋。就在这年，我破天荒开办了“说话教室”讲座。至今，从该讲座毕业的人数已经多达 75 万人。

在讲座开始的前夕，我办了一次预备集会。在这个集会里，听讲者有机会表明他们何以要参加“说话教室”的讲座，以及期待获得一些什么。当然啦，他们的回答各有不同，但绝大多数的回答，几乎都不谋而合地表示——

一旦被指名在大众面前说话时，我的自我意识就会高亢起来，以致因恐惧而颤抖，不能集中精神，连带地也将把自己想说的事情忘得一干二净。正因为如此，我想取得自信、平静，以及踏实的思维能力。我希望能依照论理的秩序来整顿思想，以期在实业及社交的集会里，能够以清晰且足以使人信服的力量来交谈。

或许你已经听过了类似的牢骚吧！你曾经体会过这种“无力感”吗？为了学会使人信服的谈话术，你舍得耗费一些金钱吗？我认为你一定舍得，因为阅读这一本书的事实，正是你关心“有效说话术”的最好证据。

事实所证明的可能性。我相信你一定很想问我——

“卡耐基先生，你认为我可以站在大众面前——前后一贯、毫不停滞地，把自己想说的话，全部说完吗？”

我为了协助人们克服忧虑以及培养勇气与自信，几乎奉献了自己全部的生涯，所以如果我想记录讲习班里所出现的奇迹的话，非得写成好几部书不可。其实我所提出的想法绝非难题，只要你把本书中的指示以及规劝，全部付诸实行，你就可以达到那种境地。关于这一点，我一向深信不疑。

坐着时，可以从容不迫地思考，为何一旦站立于听众面前，就无法控制思维呢？

此外，站在听众面前说话的时候，何以胃袋里仿佛有只蝴蝶在拍翅挣扎呢？为何会全身发抖呢？避免这些症状的秘诀在哪里？当然，这些症状都可以治愈，只要凭借训练以及练习，就可以使面对听众的恐惧症烟消云散，产生自信。

本书所提供的内容会帮助你达到目的。不过本书跟充斥于市面的指南之类的书不同，并非针对说话的秘诀列出法则之类，也不是发声以及发音生理的解说范本。它是以成年人为对象，特地从“有效说话术”中，抽取出来的精华。这些将以“现在的你”为出发点，很自然地把你引导至你希望的目的地。在学习的期间之内，你必须“协助”也就是说要遵从本书的规劝，一有机会就把它加以实际应用。除了这一点以外，只要能够忍耐，不在中途放弃就行了。

以下所举出的4个目标，可以使你从本书中引出最大的利益，并且迅速获得良好的效果。

1. 看看他人的实例，可以产生勇气

辩论术毫无用处

不论古今中外，都没有所谓的天才雄辩家。尤其是当所谓的辩论，被当成洗练的艺术，必须很周到地注意修辞法则以及微妙的技巧，想要成为一个雄辩家，实在是太困难了。现在，辩论已经被当成会话的延长，那种依靠嘹亮的声音以及醒目外表辩论的时代已经过去了。例如，参加晚餐会、教会的礼拜，甚至看电视、收听广播时，我们最想听到的是基于一般常识，以及听众跟说者都乐于参与的坦率交谈。

阅读学校所使用的交谈术教科书时，很多人都会认为所谓的辩论术，必须经过多年的声音锻炼以及学习困难的修辞以后，方能够精通，它是一种闭锁式的特殊技能——其实事实并非如此。

我曾经耗费了很多时间证明一件事，那就是当着众人面前教他人做——事实上是一件很简单的事——当然，为了达到这个目的，必须遵从简单而重要的两三个法则。

1912年，当我首次在纽约市一二五街的青年会召开讲座时，由于我对听讲学生一无所知，我第一次采取的教学法，跟我在密苏里州威廉巴克大学所采取的讲解法差不多。不过我很快就察觉到自己的做法不当，因为我竟然对实业界的成年人，采取了教导大学新生的方式。

那时我猛然察觉到，以名人名家的演说为范本，让实业界人士模仿他们，实在没有任何意义，因为听讲者所希求的，乃是能够在业务的集会中，勇敢而井井有条地展开报告。

于是，我就把教科书扔到窗外，空手站在讲台上，单凭两三项单纯的原理，努力帮助听讲者，直到他们能够提出对方感到满意的报告为止。后来，听讲者都不曾在中途退出，并且都努力想多学一些下判断的诀窍，结果可谓相当的成功。

如果可能的话，我希望大家可以看到从各地寄到我办公室的感谢函。寄出感谢函的人，大多是屡次出现于《纽约时报》的企业界领导者，更有州首长、国会议员、大学的学院院长，以及演艺界的名人，甚至还有家庭主妇、牧师、教师，以及在社会上仍然默默无闻的年轻男女、劳动者、大学生，以及职业妇女等等，实在不胜枚举。这些人都希望自己拥有表现能力以及坚固的自信，而如今，他们都已如愿以偿，所以拨了一些贵重的时间，写感谢函给我。

肯特先生的变化

写到这里，我突然想起了肯特这个人物。这位仁兄在费城经营的事业非常成功。他在参加我的讲座不久以后，招待我吃中饭，在吃饭时，以非常兴奋的口吻对我说：“卡耐基先生，不瞒您说，以前每次被人指定发表谈话时，我都会借故开溜。不过，这一次我被推举为大学理事会的会长，无论如何也推不掉了，看样子我只好扛起这个责任……像我这种年纪一大把的人，还能够学习面对大众的谈话术吗？”

于是，我就对他说，讲座里的一些学员也曾经处于跟他相同的立场，结果在谈话术方面都能大有斩获，所以他当然也能够照样做到。

约经过 3 年以后，我又跟肯特先生在制造业俱乐部共进午餐。当时我发觉，3 年前我俩也在此地吃过饭，甚至就坐在相同的餐桌。于是我又提起我俩初次相会的情景，并且询问他，我的预言是否灵验？听了我的话，他微笑着从口袋里取出一本红色封面的札记簿，簿子上面记载着这几个月之内他必须出席哪些演讲会。

“拥有发表演讲的能力，以及这一件事所带来的喜悦，再加上对社会有更多的贡献……使得我的人生更充满了喜悦。”——这是肯特的告白。

但是，叫人惊骇的事情并不止于此，肯特还很骄傲地告诉了我一件事——据他透露，肯特所属的教会团体，将于费城召开大会之际，邀请英国首相到场演说。教会的人们为了向听众介绍首次莅临美国的这位著名政治家，便指定由肯特担任司仪。

实在令人料想不到，3 年前还曾向我询问他是否能成功地在大众面前谈话的人，如今却能口若悬河，到各地演讲！

战胜演说恐惧症

以下我要举出另外一个例子。

格特利基公司的董事长德比，有一天来找我，他说："有生以来，我一直克服不了演说恐惧症。最糟的是，现在我必须以董事会会长的身份，担任会议的议长。董事会的人员交往了多年，彼此都很熟悉，所以大家围绕着桌子的当儿，能够毫无拘束地畅所欲言。但是，当我站起来想要发表谈话时，口舌却会变得麻木，以致连一句话也说不上来。长年以来，我都是在这种情况下度过的。我想您也帮不了忙吧？因为这已经变成一种慢性的病症了。"

于是，我告诉他说："既然已经无可救药，那你又来此地做什么呢？"

他的回答是："我的理由只有一个。为了管理我个人的事务，我雇用了一名会计师，而这个会计师可真是内向得离了谱。进入他的办公室之前，得先经过我的办公室。几年来，每当经过我的办公室时，他总是两眼盯着地板，一言不发地走过去。

"而想不到的是，他最近跨入我办公室时，却都是抬头挺胸，两眼神采飞扬，并以充满自信的声调对我说：'早安！德比先生。'因为他一下子变得太多，使我吓了一大跳，于是我就问他是谁把他改造成目前的样子？经我如此一问，他就告诉我，他是在您的讲座接受讲习……这也就是我来拜访您的唯一原因。我实在想不透，那个内向的家伙为何能全面地改变了？”

我告诉德比，只要按时出席我的讲座，依照我的指导去做，在两三个星期之内，就可以在听众面前说话。

“如果真是这样的话，看来我不久就可以加入幸福者的行列了。”德比听了，非常高兴地说着。

后来德比参加了讲座，并且获得了令人刮目相看的进步。3个月后，我到阿斯达饭店的舞蹈室，出席3000人的集会时，要求德比把我们训练的结果公开发表，但很遗憾，那一天德比已有预约，所以不能出席。

翌日，德比打电话给我：“昨天很对不起。我已经把预约取消了，我准备按照您的意思上台演讲，因为我有这样做的义务。我要向听众说明这次训练把我改变了多少，藉以鼓励听众也像我一般，勇于克服演说时的恐惧症！”

当时，我要求德比至少演讲两分钟，但事实上，他却面对着3000名听众，持续演讲了11分钟。

我的讲座前前后后发生了好几千次的奇迹。我亲眼目睹参加这种训练的男女，仿佛变成另外一个人似的，在事业、学业以及人际关系方面，获得了他们往日梦想的成就。有些人甚至是以一次合宜的演说，获得了很大的成就。

现在，我要举出一个例子，那就是马利奥·拉索的成就。

3 个星期的硕果

在好几年以前，我在没有任何的预兆之下，收到了一通从古巴发出的奇妙电报——

“如果方便的话，我要到您那儿练习演说。”

寄件人为马利欧•拉索。他到底是谁呀？我一点印象也没有。

到达纽约后，马利欧就向我说明：“最近，我们将于香蕉乡村俱乐部，为创办者庆祝 50 岁的大寿。在席间，我要送给寿星一个银杯，并且在当夜的压轴节目里进行演说。我虽然是一名律师，但是想到要在大众面前演说，浑身都会发抖，因为一旦失败的话，将会影响到我在社会上的形象，妻子也会抬不起头来，甚至还可能左右到我的工作发展呢！所以为了求得您的协助，我特地从千里外的古巴赶来。不过，我只能停留 3 个星期。”

在那 3 个星期里，我让马利欧不停地转班，一个晚上让他练习演讲两三遍。

3 个星期后，他果然在香蕉乡下俱乐部进行了演讲。美国的《时代》杂志特别在海外消息栏，报道了这一则新闻，介绍并且赞扬马利欧 • 拉索是个“具有三寸不烂之舌的雄辩家”。你不认为这就像一件奇迹吗？是的，这就是一件奇迹，是一项克服恐惧的 20 世纪奇迹。

2. 向目标注目

你必定能够成为领导者

以上的例子，乃是肯特获得了在听众面前演说的能力的经过。肯特的成功，归因于他能遵从我们的指导，并且忠实地做完我们所规定的课题。他为什么肯那样做呢？我相信这乃是因为他把自己投影于未来，再反过来不断努力，把投影出的自己当成事实的缘故。你不妨也可以学习肯特的做法。

你不妨想想看，获得充满自信以及有效果的谈话方式，对你有着何种意义？

就以社交方面来说，它所意味的是一种崭新的交友关系。就市民而言，它意味着社会活动的提高，而对教会的一员来说，则可提高其贡献的能力……一言以蔽之，它能够发挥一种跳板的作用，使你飞跃到指导者的地位。

NCR 的董事长亚林，投了一篇题目为《事业分野的演说与领导》的稿件到季刊杂志《演说诀窍》。在该稿件里他如此叙述道：

回顾我们事业的历史，透过演讲的成功而步上青云的人物并不在少数。记得在很多年前，堪萨斯州分公司的某管理员，就是凭着独树一格的演说而引人注目。如今，他已经升格为我们公司的销售部副总。

我也知道这位副总后来又晋升为 NCR 的总经理。

踏实的说话能力，将带给你意想不到的好处。我们讲座的毕业生之一，也就是美国萨波公司的老板亨利·布拉克斯顿，就曾经表示："能够跟他人有效率地沟通意见，并且获得他人的合作者，将被考虑作为领导者的接班人。"

谈话的魅力

你不妨想象如下的情形——你在合适的时机站起来，以充满自信的态度，凭自己的想法以及感情，牢牢地抓住听众……这时，你一定会体会到空前的满足感。我前后已经旅行了世界几次，但是始终不曾碰过比抓住听众更为动人的喜悦。

我的一个学生就曾经如此表示："每次将要开始的两分钟前，我总觉得站起来讲话，比遭受鞭打还难受。不过，到了将要结束的前两分钟，我都会痛感到与其叫我停止讲话，我宁愿被枪毙。"

你不妨描绘一下自己站在听众前面的情形——你充满自信地走上演讲台，在嘘声四起之下开始演讲，但是随着你逐渐地抓到听众的"痒处"，他们就会倾耳静听，台下鸦雀无声；演讲完毕，在一片喝彩声中，走下讲台，待集会结束以后，一些听众会向你打招呼，说出他们产生共鸣的感想……这绝对不是谎言，在这一连串的过程中，的确包含着令人难以抗拒的魅力，以及无法忘怀的刺激感。

哈佛大学著名的心理学教授威廉·詹姆斯，曾经发表一篇能予读者深刻影响的文章。全文如下：

不管是任何阶层，能成为顶尖人物，必然有着对目标锲而不舍的热情。只要对某种目标切实地去求取，便可以确实地得到结果。如果你想成为善人，一定可以成为善人；想成为富翁的话，也一定可以成为富翁。不过，除了目标以外，那些跟目标对立的事情，也必须以强烈的意志将它们放弃，以便一心一意地朝着目标走去。

使“自我意识过度”获得解放

学习有效率地对多数人说话，不仅能够加强演说的能力而已，就算毕生不从事一次演说，从这种训练亦可获得很多利益。例如，训练自己在大众面前说话，便是培养自信的最好快捷方式，因为既然面对多数的人，能够说得有声有色，那么在面对一个人谈话的时候，就更能够充满自信。

参加我举办的“说话教室”讲座的学员之中，有很多人是一心想摆脱内向以及自我意识过度的缺点，以便能够从容地参加社交方面的集会。诸如这一类人，一旦获知自己也能够在同班伙伴前面站起来说话时，就会顿悟到所谓的“自我意识过度”乃是一件很可笑的事情，这个极大的转变，常使得这些演讲者的家族、友人、同事甚至顾客等大感惊讶。甚至听讲人里面，也有不少人像德比一般，因为看了周围的人得到很有效的性格转变，以致在感动之余，也参加了我们的讲座。

凭药物不可能得到效果

此种训练给予性格的各种影响，其效果并不一定会立即显现于表面。以前，我曾经请教过大西洋城的一位外科医生，亦是全美医学协会的会长阿尔曼博士，有关“当众演说”的训练能够带给身心何种帮助，阿尔曼博士微笑着回答我：“关于你的问题，适合用处方笺的方式来答复。”

阿尔曼博士写了如下的处方——

尽量使人能够窥见你的内心：以一对一的方式，或者在团体以及公众前面，尽力使他人能够理解你的想法。随着这种能力的增高，你就会察觉到，你——真正的你，已经能给予他人强烈的印象及冲击，而这是以前所没有的现象。

他解释道：“遵照这种处方做下去，必定能够获得下列两种双重的利益。也就是说，学习对他人说话的技巧，不仅能提高自信，亦能够提高整个人格的包容力以及资质，因为当情绪方面有了好的转机之后，肉体方面也会转为快适。

“当众演说不分男女老幼，对每个人都有极大的益处。至于它会带给职业以及事业何种利益？我无法直接知道，只听说过效果非常的宏大。至于它为健康所带来的功德，我都是很清楚。我奉劝大家，不管对方人数的多寡，只要一有机会，就当众说话吧！因为累积了经验以后，你就能够说得更好。甚至，你还会感受到某种精神的昂扬——以自己的圆满周到而沾沾自喜。这是一种相当愉快的体验，任何药物都无法使你获得此种效果。”

在此，你不妨想想威廉·詹姆斯说过的一句话：“只要你确实有求取某种结果的心，你一定能确实地获得这种结果。”

3. 确信自己必能成功

人生是可以改变的

某一个广播节目的主持人，要求我以3句话，说明我学得的最大教训。以下就是我的答复——

目前为止我得到的最大教训，就是思想之重要性。这就像只要告诉我某人在想些什么，我就可以猜测出他是何种人物一样。因为决定一个人存在价值的因素，不外是这个人的思想，所以我们可以凭借改变思想的方式，来改变自己的人生。

你应该充满自信，把目标放置于能够有效地传达自己意思的那一面，并且从今天起，你非得以积极的眼光去看它不可。为了努力地学习在他人面前说话的技巧，你必须养成明快而乐观的想法，同时在言行举止之间，表达开发这种能力的决心。

只要有心学习就会成功

为了使谈话富于表现力，当你决定以某种课题作为谈话的中心时，就非得有巩固的决意不可。以下就是极富戏剧性的一个例子——这个故事的主角，曾经爬到事业经营者的最巅峰，干下了轰轰烈烈的一番事业，后人甚至为他建立了纪念碑。

当他在大学时候，第一次想面对着大众说话时，竟然舌头打了结，不能成语，教授规定的5分钟演说，他只能勉强支撑一半，最后不得不脸色苍白，眼含泪光，有如被追赶似的下了讲台。

但是这个人物并没有因为学生时代的惨痛经验而感到灰心，他决心要变成一个话锋锐利的人。于是，在成为政府的经济顾问以前，他就贯彻了自己的决意。

这个人名叫拉伦斯·兰道夫，他在思想丰富的著作《自由之信仰》里，针对公众演说，作了如此的叙述——

这些年来，在制造业者协会、实业界集会、募捐运动，以及学校同学会等场合的演说，所受颁的勋章，已经足以淹没我的衣袖。在第一次世界大战时，我曾到密歇根州的易斯卡那巴，大谈爱国的论调。为了慈善运动，我也曾跟受欢迎的影星盖·隆尼相处；参加教育运动时，则曾陪着哈佛大学校长杰姆斯先生巡回于各地演说，当时我甚至使用不灵光的法语，在晚餐会致词呢！

对于听众想听一些什么话，以及如何表达出这些话，我都有某种程度的了解。其实，对于企业界的管理级人物来说，只要有心学习，没有一件事是学不来的……

我很赞成兰道夫的说法，成功的意志乃是成为有效率的谈话者必备的因素。这也就是如果我能看到你的内心，判定你热心的强度、思考的明暗面的话，我就可以极为正确地预言你改良传达意思的技术之程度。

愿望·持续性·自信

我在美国中西部举行讲座的第一夜，一个男子站起来说：“我是建筑业者，生平最大的希望就是成为全美建筑业协会的发言人。”他的名字叫乔·赫巴迪克。他在国内旅行时，最喜欢与人谈论有关建筑的工作，以及相关的问题、业绩等，讲师也颇以他为傲。

他对这些问题极为热衷，不止谈论地方性的问题，也很注重全国性的问题，就算是碰到一年中建筑业最繁忙的时期，他也会认真地对自己将要碰到的话题，彻底地调查其内容，刻意地练习，从来就不曾缺席。一个优秀听讲生应做的事情，他都做过了，以致进步的速度连他自己也感到惊讶。两个月以后，他就变成班上最优秀的学生之一，最后还被选为班长。

他的讲师在一年后搬到维吉尼亚州的诺福克居住。这位讲师表示：“我老早就忘了乔·赫巴迪克这个人，可是有一天，我在吃早餐时翻开报纸，赫然看到他的照片，以及一篇有关他的报道。原来，他在前夜出席了建筑业者大集会，并且发表了演说，如今他的头衔已不是美国建筑业协会的发言人，而是该协会的会长呢！”

所以，想要在这个课题方面获得成功，必须专心致志地努力下去。为此，热切的期望必须近乎狂热，持续性必须有如“愚公移山”一般；此外，还得加上对成功坚定不疑的自信才行。

当西泽率领军团渡海，登陆现在的英国时，为了使他们的征途确实成功，他让军队停留于多巴的山崖上面，在兵士们众目睽睽之下，放了一把火，把停泊于海上的军舰全部焚烧得一干二净，使兵士们身处敌境之下，失去了与欧陆最后的联系，演变成背水一战的局面。于是，兵士们已没有退路，为了活命，只好一直前进，不断地展开征服的行动……这也就是宣告西泽的必胜决心。

为了战胜面对听众时的恐惧心理，你不妨学习“背水一战”的做法，将那些消极念头，全部付之一炬，甚至可以把优柔寡断的逃避思想，完全关闭起来。

4. 抓住所有练习的机会

学游泳非下水不可

随着岁月的推移，在第一次世界大战以前，我在纽约的一二五街讲授的课程内容，几乎被我修改得面目全非。因为每年都有新的构想被编入讲义，所以陈旧的教材自然就被淘汰掉了。

不过，课程中仍然保有永远不变的铁则，就是不管是哪一班的人员，都至少必须站在同学面前演说一次（绝大多数是两次），为什么呢？道理就跟学习游泳必须泡在水里相同，除非真的在众人面前说话，否则根本就不可能学到在众人面前说话的技巧，即使你读破了包括本书在内的涉及辩论术方面的书籍，你也不见得能够巧妙而有效地说话。

以入门书来说，本书堪称完整，但是如果不把它记载的事情付诸实行的话，那就没有任何意义。

当乔治·白兰休被询问如何以听众为对象，说出那种很富于说服力的话时，他如此回答：“那种要领就跟溜冰相同呀！不管跌几次、不管别人如何讥笑我，我仍然不气馁地练习下去。”

年轻时的白兰休，乃是伦敦城里最内向的男人之一，不管访问什么人，他都不敢毅然地去敲对方的门，总是在泰晤士河堤走来又走去。

“内向的性格使我感到痛苦，老是觉得害臊……像我这样的人，相信世上没几个。”——他如此地告白。

不过，为了克服自己的内向、胆小以及恐惧，他采取了最易见效的方法，那就是他决心要把自己的弱点转变为最有力的武器。他参加了伦敦市内所有公开讨论的集会，并且站起来发表言论。他倾心于社会主义运动，随着信奉这个主义的团体到处演讲。经过了如此磨炼以后，白兰休把自己改造成 20 世纪前半叶，充满了自信与才气的演说家。

抓住时机练习说话

到处都有说话的机会，你不妨参加某种组织，主动地担任必须多说话的任务，即使是对某项动议表明赞成也行，反正多在公开的场合上主张自己的看法就对了，就算是部门的会议也不要退缩，只要有意见就说出来。

到安息日学校教书也是好办法，做一名童子军指导者也很不错，只要有机会参加任何团体，就积极地参加吧！只要你仔细地观察四周，你就可以发现，不管是商业活动、社会活动、政治活动，甚至业务活动、敦亲睦邻等日常琐事，都能够提供你踏前一步发表意见的机会，如果你不抓住机会练习说话，又怎能知道自己的进步有多少呢？

冒险能够改变你

“您所说的事情我都能够了解，不过，一旦我面临所谓学习的苦差事时，我就会开始退缩。”一位年轻的企业家曾经如此对我说。

对于他的疑问，我如此回答："什么？你说学习是苦差事？你最好放弃这个念头。学习是一种向上心，你必须战胜学习是苦差事的想法。"

"那我该怎么做呢？"对方反问我。

"你必须具有不怕艰难的冒险精神。你可以透过在公众面前说话的方式，或者借着软化自己的人格，走上成功之路。"

"那……我就试试看！"年轻人终于点了点头说，"我会放大胆子去冒险！"

阅读本书，又能把它的原理实际应用，你将会跳进一个冒险的世界。只要进入冒险的世界，你就会察觉到真正支持你的东西，乃是引导着你的力量以及直觉。因此，你将不难领会，不管是内在或者外面，只有冒险这一件事情，方能改变你自己。

第二章　培养自信的四种技术

说话是与恐惧的格斗

“那已经是5年前的事了，卡耐基先生。那时，我曾经到您公开讲课的饭店，不过当我走到会场的大门前时，不禁停止了脚步，想到如果我走进室内，参加讲座的话，迟早都得站起来演讲，所以正因为如此，我的手好像冻结了一般，无法旋转门把，很快地转身，走出了饭店。如果在那时，我知道你能让我克服恐惧，站在听众面前不至于因恐惧而麻痹、无力的话，我就不会浪费这5年了。现在想起来，真是悔不当初。”

做出这项告白的人，并非隔着桌子跟我对话，而是面对着两百多个听众侃侃而谈，那也是纽约市讲座的一次毕业演说。随着演讲的进行，我对他的沉着与自信留下了很深刻的印象，知道如今又有一个人凭借获得的表现力以及莫大的自信，更进一步地成就了身为经营者的手腕。身为教师的我，知道他已克服了恐惧以后，一面替他高兴一面又惋惜着，如果他早 5 年战胜恐惧的话，岂不是更为完美？而且或许他会比现在更幸福。

埃默森说：“所谓的恐惧，比起这个世界的任何东西，更能使多数人败北。”

关于这一句话的深刻含意，我老早就体会到了。不过当我刚开始办理这个讲座时，并没有想到这种训练也能够很有效地克服恐惧与自卑感。那时我只知道，学习在众人面前说话，能够克服自我意识，同时也是建立勇气与自信的合理手段，因为在众人面前说话时，我们就会开始跟恐惧格斗。

多年来，我在教人面对众人说话的期间，发现了几个诀窍，能够使你在几周的练习后，很快地克服演讲恐惧症，并且有助于培养自信。

1. 承认恐惧的事实

第一个事实：害怕在众人面前说话的人并非只有你一个。

根据各大学的调查，修习“有效说话术”这门课程的学生，有 80% -90% 当初均为演讲恐惧症所苦，而且每逢我召开讲座时，在成年人听讲者中，这方面的数字更几乎达到 100%。

第二个事实：某种程度的“演讲恐惧症”反而有益处。

其实，恐惧是我们面临环境异常的挑战时，很自然的一种心理准备而已。当你意识到心脏跳动加速，上气不接下气时，并不必烦恼，因为这是你对外界刺激感到敏感的身体，正要准备开始活动罢了，等到生理方面的准备适度地被调整以后，你就能够以平常的状态，敏捷地活用头脑，作更为适当的演说。

第三个事实：即使是演讲专家，也无法消除“演讲恐惧症”。

即使是专家，在开始演讲以前，几乎也无法避免“演讲恐惧症”。有时，就算已经开始演讲，也仍然得花一段时间作练习，因为要成为一匹赛马而非驮马，谁都得付出代价。至于那些老是夸口自己有如流水一般冷静的人，通常都是迟钝而同时缺乏对听众的感化力。

第四个事实：害怕演讲的主要理由，只表示还不习惯在他人面前说话而已。

在《精神的形成》这本著作里，罗宾逊教授说：“所谓的恐惧症，乃是无知与不安的新生儿。”

对大多数的人来说，所谓的演说，乃是一种未知的经验，正因为如此，方才会感到不安与恐惧。对于初次登台演说的人，总是把演说看成比开车或者打网球更为复杂的一件事情，甚至把它看成是许多未知条件的组合。

为了把这种恐惧的状态简单化以及容易化，只有练习，练习，再加上练习。恰有如成千成万的前辈所经历过的一般，必须实际在大众面前谈话，如此累积了几度成功的经验以后，方能把这种痛苦改变成快乐的经验。

悲剧式的爆笑

著名的演讲家及心理学家艾伯特·爱德华·威坎克服恐惧的经过是，每逢阅读以后，都能给他以很大的激励。艾伯特在高中时代，一想起必须起立背诵5分钟的文章时，脸孔上就充满了恐惧之色——

随着背诵日子的接近，我的忧郁明显地加深。一旦想起那种恐惧的磨炼，我的头部就会充血，面颊变成火热，因此我跑到校舍里，把面颊贴在冰冷的红砖墙壁上，试图消除充血，甚至进入大学以后，这种毛病仍然存在。

有一天，我把必须背诵的文章前几句“亚当跟杰斐逊已不在这个世上……”背得很熟，但是站在听众面前时，头部感到晕眩，甚至不知道自己身处何方。我使出了吃奶的力气，勉强说出了开头的一句，但是那一句已经变成了“亚当与杰斐逊都死掉了。”

不管再怎么焦急也没有用，我就是只能背出这一句，而且还背错。在一筹莫展之下，我只得匆匆地行了一个礼……在同学们哇啦哇啦的乱叫声中，全身僵硬地回到自己的座位。

这时，校长站起来说：“艾伯特同学说出了悲哀的消息，教人感到又震惊又难过。不过，我们会尽可能地抑住悲哀……”校长说完后，全场爆出了一阵哄笑，我羞愧得抬不起头来，觉得死去还比忍受羞愧要好得多了。这以后的几天，我的心情一直非常的阴郁。那时,我做梦也不曾想到,我会变成一个演说家。

大学毕业后一年，艾伯特居住于邓伯市。1896 年的政治纷争，针对着白银的自由铸造法到达最高潮。支持白银自由铸造法的党派出了一本小册子，艾伯特阅读了这本小册子后，对于布莱安与其追随者的错误以及不实践诺言感到激愤，于是典当了时钟充当旅费，回到故乡印第安纳州。

回到故乡以后，艾伯特声称他要针对健全的货币问题举行演说。那时，学校时代的同学有很多都在场作听众。艾伯特回忆那段经过——

刚开始演说时，我想起了在大学时代的演说“亚当与杰斐逊”，以致我的喉咙好像哽住了，显得有些口吃，好像把一切都忘掉了。所幸，听众与我都越过了最初的难关。于是我受到了这个小小的鼓舞，浑然忘我地一连串讲了 15 分钟。后来我更惊讶地察觉到，原来我整整讲了一个半小时……

这一次是一个转机，因为在接下来的几年之内，我竟然变成了职业演说家。对于这个事实感到最震惊的，就是我本人。

如今,最能够体会到威廉·詹姆斯所说的那一句话——“习惯便能成功”的含意。

艾伯特认为克服在大众面前谈话的恐惧，最有效最确实的方法，莫过于累积成功的经验。

少许的恐惧反而有益

你必须要觉悟，想在大众面前谈话，就自然得附带某种程度的恐惧。如果只是轻微演讲恐惧症的话，你不妨把它反过来利用。

就算演讲恐惧症非常严重，妨碍到你头脑的运转，使你的言谈丧失流畅，使你的脸部肌肉僵硬，影响到你的说服力，你仍旧不可以失望。因为，对初次演讲的人来说，这种症状是免不了的，只要你肯努力，恐惧的程度就会逐渐减轻。到头来，它不再会是一种障碍，反而对你的演讲能力有所帮助！

2. 必须有适当的准备

漫无目的的演说，只能带来悲惨的结果。几年以前，在纽约企业家俱乐部的午餐会里，一位著名的政府高级官员，公开被指名要他报告有关他管辖机关的动态。

很明显，他不曾预料到自己得站起来演说。刚开始时，他漫无目的地进行演说，待这种尝试失败以后，他就从口袋里摸出了一堆备忘录，然而那些所谓的备忘录，恰有如货车上满载的铁屑一般，杂乱而无章。刚开始时，他一直在翻动那些纸片，谁知随着时间的消逝，越翻越混乱，以致无法抓到要领。时间一分一秒地过去，他越发感到六神无主、困惑丛生。于是，说起话来也结结巴巴、错误百出，他频频地用一只颤抖的手端起一杯茶水润喉，试图从备忘录中引出一些话题……这一切正是因为他没有任何准备，所以才陷入了恐惧的深渊，实在悲惨。

不久以后，他就匆匆地坐下来了。凭良心说，我不曾看到像他一般失尽了面子的演说者。他的谈话方式恰如鲁索所教的书写情书的方式。换句话说，他在不知该说些“什么”之下开始，也在不知说了些什么之下莫名其妙地结束。

准备比资历更重要

自从1912年以来，每年我都要对5000次的演说作评审的工作。基于这种经验，我得到了一个宝贵的教训，那就是“只有准备周到的演说者，才有资格拥有自信”。在不完全的武装之下，或者在不携带弹药之下进入战场的话，焉能粉碎所谓“恐惧”的城墙呢？

林肯也说过：“不管累积了多久的资历，如果不做准备的话，怎能够不慌不忙地演说呢？”

如果想培育自信，就必须把从容不迫的演说方式付诸实行。使徒约翰如此写道：“完整的爱能够使恐惧让步。”完整的准备亦复如此。丹尼尔·威夫斯达也说过：“在没有完整准备之下站在听众面前，等于是半裸着身体出现在观众面前。”

（1）不必把演说的内容背起来

我刚才说必须做“完整的准备”，但是这并非意味着必须把整篇演讲稿背下来。为了避免在听众面前失态，大多数的演说者都会陷入所谓“背诵”的陷阱。其实，一旦养成了这种恶习，不仅必须多浪费时间，而且会被所谓的准备法则所困囿，以致破坏演讲的效果。

背诵演讲稿容易忘记

美国演说界前辈卡尔登·波恩在哈佛求学的时期，曾经参加辩论大会。当时，他准备使用一篇题名为《各位，国王陛下出游了》的短篇小说。为此，他把该篇小说的每一句每一个词语都背诵下来，并且在事前练习了好几百遍。谁知到了大会那天，当他把题目念出来以后，头脑里突然变成空荡荡的。那时他感到愕然，于是便在无可奈何之下，放弃了背诵的文句，用自己的方式，叙述出整篇故事。待演讲完毕，审查员颁给他一等奖时，他还吓了一大跳！

从那一天开始，卡尔·登波恩不仅不阅读原稿，也不背诵演讲词，只做一些记录，在没有原稿的情况之下，很自然地对着听众说话，这也正是他在广播界成功的秘诀。

把演讲内容全部写出来再背诵，不仅浪费时间以及精力，甚至会有不良的后果。

在一生之中，我们大都是在无意识之下说话，始终不曾把要说的话儿，一句一句地考虑及思量。同样的道理，只要主旨明了，言语将有如我们呼吸的空气一般，很自然地在无意识之中运用出来。

就连大名鼎鼎的丘吉尔，为了吸取这种教训，也体验过一次非常尴尬的演说。

在年轻时代，丘吉尔都是写下演讲稿，再把它背诵起来。有一天，当丘吉尔在议会的讲坛上背诵演讲稿时，突然丧失记忆，再也背不出一句话来。他感到慌张、一筹莫展，即使把最后的那一句话重复一次，也仍然无法继续下去。他满脸通红……于是，他只好低着头坐下来。就从那一天开始，丘吉尔再也不背诵他的演讲稿了。

避免机械式的说法

纵然已经将演讲稿逐字逐句地背诵下来，一旦站在听众面前时，有时也会忘记，就算没有忘记，那些话也会变成机械式的，因为那些话是从记忆里出来的，而并非从心里出来。

当我们跟别人交谈时，通常不会去留意言词，只会一味地把想到的事情直接由嘴巴说出来，所以既然如此又何必硬要改变它呢？如果把要说的话先写出来再背下来的话，将很可能会遭遇到跟潘斯·布修尼相同的经验。

从演讲台坠下的副总

潘斯毕业于巴黎的美术学校，后来又成为伊克伊塔布保险公司的副总。几年以前，美国保险界在维吉尼亚州怀特·沙尔法召开集会时，大家都要求他在两千名业务员（代表美国全境的所有分公司）面前演说。当时，他进入保险界还不足两年，既然如此受到重视，于是他被要求作 20 分钟的演说。

潘斯很高兴地答应，他认为这是提高自己声望的绝佳机会。

于是，他写了一篇演讲稿，并且把它背下来，而且还站在镜子前面练习了40遍。他要求十全十美，因此对自己的言语、手势、表情都仔细地研究了一番。到了第40遍时，他认为已经有100%的把握了。

不过，当他站在讲台上时，立刻遭到恐惧的袭击。“在这个集会里，我的任务是……”只说到此处，他就想不出接下来的句子了。他慌张起来，倒退了两步，计划从头再来……仍然不行。于是再接再厉，又倒退了两步，再从头来。

他把相同的动作重复了3次。讲台有4英尺高，后面没有扶手，而且讲台与后面的墙壁之间只有5英尺的空间，于是等他第4次倒退时，他便一骨碌从讲台上跌了下去，不见了踪影……

听众掀起了一阵哄笑，甚至有一个人还笑得跌在通道上面，因为伊克伊塔布保险公司有史以来，还不曾有人上台表演这种“绝招”。更糟糕的是，听众都以为那是想博得异彩，才故意如此安排的。时至今日，该保险公司的老职员偶尔还会提起这件糗事。

那么，潘斯本人又有何感想呢？他说，有生以来不曾出过那么大的丑，所以那时他感到羞愧难当，甚至提出了辞职的要求。

保险公司的老板们说服潘斯撕掉辞职书。正因为如此，他又恢复了自信，后来还成为公司里的雄辩者。不过，这以后他再也不背演讲稿了。

“他山之石，可以攻错”，你不妨参考潘斯的经验。

与其重视统一性，不如重视人性

到目前为止，我已经看过了很多背诵演讲稿的例子。每当碰到这种情况时，我都会想，如果放弃那些背诵行为的话，一定更能够有效地发表演讲，而且也一定更能感动听众。

或许停止背诵的话，很可能会忘掉几个要点，甚至会使你的演讲缺乏统一性，但是却至少能让听众觉得演讲的人是活生生的一个人。

林肯如此说过："我不喜欢听刻板式的说教，我宁愿听兴奋，有如在与一大群蜜蜂格斗的人的演讲。"

（2）预先把思想整顿好

那么，为了适合地准备演讲，应该如何着手呢？答案相当简单。你不妨在过去的经验中，寻找一些对人生比较有意义的教训，再基于这种教训，整顿出你的思路，以及你的信念。所谓真正的准备，乃是指好好思考你想演说的话题，并把你的思路整顿好。

几年以前，却尔斯·布劳恩博士在耶鲁大学举行的演讲中，就如此说道："你们就把那些思想全部写出来吧！但是因为目的无非是要使思路清晰而已，所以只要写下寥寥数语就行了。把它们书写于纸片上面，等到整理题材时没有脉络可寻，就可以凭写在纸片上面的东西，很容易地把它们系统化。"

这并不是一件很困难的作业，不过需要一段时间集中精神做有目的的思考。

（3）以朋友为对象预先练习

待演说的内容确定，并且建立了次序之后，再下来就是练习了。以下，我就要介绍又容易又有效果，不容易弄错的方法。那就是把演说的话题，应用到你跟朋友（或者同事）的日常会话里面。

例如，跟他们一块吃中饭时，不妨如此说："我说乔治啊，我有个很奇妙的经验，你要不要听听？"然后，当乔治在听你说话时，你就得好好地观察他的反应，并且注意听他的应答。因为，他可能可以提供你宝贵的意见及有趣的想法。当然，他绝对意想不到你是在练习演说，所以一定会很愉快地跟你交谈。

著名的历史家亚兰·鲁宾斯也给作家们相同的忠告："当你想以某一个主题写东西时，不妨找寻对这个主题有兴趣的朋友，再与他谈论你对这个主题的看法。只要你这样做，你很可能会找到自己遗漏掉的看法，以及忽略掉的论点，甚至还可以找出更适合于主题的表现方法呢！"

3. 必须坚信你会成功

只要有说话的机会，就必须好好地抓住它，把它们变成能使你成功的宝贵经验。为了达成这个目的，有3个方法可以借鉴。

（1）把自己投入主题里面

选择演说的主题，再根据计划整理，接着以友人为对象，预先练习演说。然而，准备工作并非如此就算完毕，你还必须领会自己将要演讲的主题之重要性。换句话说，必须有如伟大的历史人物一般，把自己动机的信念运用自如。

如何着手方能够使你信念的火焰在你的演说中燃烧呢？为了达到这个目的，你必须探测主题的每一个层面，再抓住更深一层的意义，研究如何着手，方能够使听众乐于听你的演讲。你不妨针对这些问题，好好地自问自答一番。

（2）停止否定性的想象，以免自信受挫

所谓否定性的想象，就是指还没有开始演讲时，就预想自己很可能在演说途中犯了文法方面的错误，或说到一半时再也接不下去等现象。

在轮到你演讲以前，不妨倾听其他演说者的说词，把全部的注意力集中于这方面，如此就不至于造成“演讲恐惧症”。

（3）自己勉励自己

撇开那些热衷于大目的，把一生奉献给它的人不说，通常每一个人都会对自己想说的主题，产生或多或少的疑问，而往往会自问主题是否适合自己？听众是否会有兴趣等等。一旦如此，更会感到“茫茫然”，甚至想改变话题。

当想法太过消极到几乎快要丧失自信的时候，你就不妨“自己跟自己说话”，藉此勉励自己，亦即以明了而直捣核心的言语对自己说——那些你要说出来的话，乃是基于你本身的经验，以及你对人生的想法而产生的，当然最适合你不过了。同时，再勉励自己，有资格面对听众说那些话的人，非你莫属。在这种情形之下，你当然会倾出全力，尽量做得尽善尽美。

或许，你会认为这种做法未免太老套，然而即使是现代的实验心理学者，还是认为纵然是拟态，但是基于自我暗示的动机建立，仍旧是速学的强力刺激剂之一，而且如果它又是扎根于真实的刺激的话，其效果将更为宏大。

4. 以十足的自信行动

假装的效用

美国著名的心理学者威廉·詹姆斯教授如此写道：

行动看起来似乎是受到感情的左右。实际上，行动与感情是平行的两件事情。感情不像行动一样，直接地受到意志的支配，但是只要严律自己的行动，就可以间接地规制感情。

基于这种原理，当你失去了自然的爽朗时，恢复快活的最佳方式，就是驱策自己站立起来，在行动方面装成很快活，又以快活的声调说话。如果这样还是不能使你快乐起来的话，再试别的方法也是白费心机……

因此，欲使别人感觉你是勇者的话，你就必须有如同勇者一般的行动。为此，你必须卯足你全部的意志力。如此做的话，想变成勇者的热情，将能替代恐惧心理的发作。

你不妨应用詹姆斯教授的忠告吧！

为了培育站在听众面前的勇气，你的行动就必须显示出这种勇气。当然啦，如果你不做准备的话，再怎么行动也没有意义。不过，一旦你对自己想说些什么已经胸有成竹的话，那就不妨在踏出第一步前，做30秒钟的深呼吸。只要吸入足够的氧气，你就会萌生出勇气。伟大的歌手强多烈凯曾说："只要吸入大量的氧气（多到仿佛能够坐在它上面），精神的不安就会消除殆尽。"

站直，看着台下的听众，仿佛是借钱给他们每一个人似的，充满了自信地开始演讲；或者把听众想象成哀求延期还债的人——这对心理方面极具效果。

如果你怀疑这个哲理不管用的话，那么不妨抓住一个参加我的讲座的学生（比你更有经验的人），跟他交谈两三分钟。如此一来，你一定会改变想法。在此，你不妨听听一位永久象征着勇气的美国人所讲的话。

克服了胆怯的总结

在往日，他是一个世上罕见的胆小鬼，但是经过练习而有了自信心之后，他却摇身一变为最大胆的一个人。这个人就是具有充分自信，能够震撼听众的心，发挥出无比政治力量的美国总统罗斯福。

他在自传里面提到——

少年时代的我，一直很多病而虚弱，是一个不中用的男孩。成年以后，开始的前几年，我是不折不扣的神经质，对自己的能力非常怀疑，不仅肉体方面弱不禁风，精神方面也好不到哪儿。所以，我在这般痛苦之下，才决心锻炼自己。

后来，罗斯福也写下他改造自己的过程——

在少年时代，我一直喜欢看马里耶德的作品。有一天，我突然注意到他某一部作品中的一个情节。那就是一个英国舰队的船长请教故事里的男主角，为了成为不知恐惧为何物的男人，应该怎么做？男主角告诉舰长，例如面临战争时，刚开始的一段时间，谁都会遭受到恐惧的袭击，逢到这种情形，不妨控制自己装成完全不害怕的样子，经过一段时间以后，就会变成真的不害怕；一个人逢到非常不安时，不妨练习不害怕的样子，久而久之，就会变成一个胆大之人……

这也就是我采用的理论。一个男孩子的成长过程，从玩灰色小熊到木马，再后来是手枪，这些东西当时无一不叫人感到害怕，但是只要装成不害怕的样子，久而久之就会真的不害怕。我想，只要有心改变自己，每一个人都会成功的。

说话的自信，也就是对人生的自信

克服在他人面前说话的恐惧，其价值非常之大，因为如此一来，你对什么事情都能充满自信。战胜在他人面前说话的恐惧，可以使人对充实的人生，向前跨出一大步。

某一个售货员如此写道：“站在同学面前讲了一阵子话以

后，我觉得已可以跟任何人周旋。有一天上午，我去找往日我害怕的经纪人，在对方说‘我不要！’以前，我就把样品摊开在桌子上面，后来获得了大量的订货。”

此外，某个家庭主妇则说：“我因为不喜欢与人交谈，所以从来就不曾招待邻近的人们到我家小聚。可是到了讲座上课，又在教室讲台上演讲以后，我下了一个最大的决心——召开一个家庭派对。想不到派对非常成功。从这一次派对以后，我才知道制造客人感到兴趣的话题，再让他们兴趣十足地谈下去，并非很困难。”

在毕业前的一堂课，某店员如此说：“我一向很害怕客人上门，以致老是给上门的客人一种不会招呼客人的感觉。不过在班上演讲了几遍以后，我已经有了自信，而且也沉着了很多。最近连我自己也知道，我已能够以权威性的态度应付客人。自从在班上面对同学演讲以后，我个人的销售额增加了 45%。”

这些人都克服了在他人面前说话的恐惧，那些以前做不好的事情，如今已经很容易就获得成功。我想，你们一定也会发现，一旦能够在他人面前从容地说话，自然就能够以无比的信心，处理日常生活里发生的种种问题。有了什么事情都能够克服的新自信以后，你就能够迎面去解决人生的各种问题，以及困难的事情。

对于以前你无法解决的各种情况，只要你勇敢地向它挑战，你就能够加倍地体会到人生的喜悦，并且也能够步上康庄大道。

第三章　有效率说话的三种原则

坦白地说，在白天我从来不看电视。一直到了最近，有一位朋友劝我收看午后的一个节目。这只是一个给家庭主妇收看的表演节目，不过收视率却很高。朋友强调观众参加的部分，我一定会感到兴趣，所以叫我“开机”看看。

这一位朋友说得很对，节目主持人非常善于使现场观众愿意开口说话，他的做法教我感到非常佩服，所以我连续看了那个节目好多次，因为主持人的技巧牢牢地吸引着我。很显然，现场观众在谈话技术方面，可说是完全的外行，他们根本不曾受过沟通的训练。他们之中，甚至有一些发音不正确以及文法不通的人，然而每一个人都充满了魅力。他们一开始说话时，摄影镜头就会对准他们，可是他们一点儿也不感到恐惧，正因为如此，方才引起了收视者的注意。

这到底是为什么呢？关于这个节目所使用的技巧，我已经应用了好多年，所以当然知道这个答案。那些节目现场的观众，都是单纯而平凡的人，都能引起全国收视者的注意。虽然这些人都在谈着自己的事情，谈着这一生最快乐的琐事：跟配偶邂逅的经过，以及自己最感到害臊的事情等，他们完全不考虑什么开场白、主要部分，以及结论，甚至不去注意用语以及修辞……尽管如此，这个节目却受到收视者决定性的支持。为了尽快地学习在他人面前说话，他们的做法值得借鉴。

1. 透过经验或学习而获得演说资格的人

个人体验比一般理论重要

谈谈真心话，使电视节目妙趣无穷的人，他们一向是基于个人的体验谈话。换句话说，他们只谈论自己所熟悉的事情。如果他们硬性地被规定非谈论共产主义的定义，或者说明联合国的机构不可的话，那个节目一定让人感到沉闷无比。

话虽如此，在无数的集会里，仍然有很多人犯了很大的错误。这些人偏偏喜欢就自己全然不知，或者只知道一些皮毛，或甚至全然不关心的主题，在集会上发表演说。他们喜欢选择爱国主义、民主精神，或所谓正义的话题，再搜集一些谈话术的指南、有引用句的书本，认真地阅读两三个小时。

有些比较讲究的人，还会搜集大学时代阅读过的政治学讲义、一般理论等等，拟成又臭又长的演讲稿。听众并不喜欢那种冠冕堂皇的主题，他们只对证明那些主题的事实有兴趣，可惜一般的演讲者都不了解这一点。

有关地下抗敌运动者的话

几年以前，当我为讲座的讲师们举行的地区集会，在芝加哥的希尔顿饭店展开时，一个学生发表谈话说："自由、平等、同胞爱，在人类的字典里面，这些字眼表示出了最强力的思想。一旦丧失了自由，人就没有活下去的价值。如果行动的自由，在每一方面都受到限制的话，活下去就更没有意义了……"

他说到此，讲师便打断了他的话。这是很明智的处置法。讲师再问学生，为何他相信他刚才所说的那些话。经此一问，该学生就说出了一则惊人的故事。

——原来，他曾是法国的地下抗敌运动者。他道出在纳粹支配之下他跟家族所遭受的迫害，将如何逃出纳粹秘密警察的控制，逃到美国的经过，用很生动的言语表达了出来。最后他做结论："今天，我走过密歇根街到此地来时，显得自由自在，即使走过警察面前，我也没有任何的慌张。进入这家饭店时，我不必出示任何的身份证明，待开完了这次集会，我也可以自由自在地到芝加哥任何地方。大家请相信我，自由值得用战斗去争取的！"

听完这段话，听众都不约地站起来向他喝彩。

(1) 自己的人生经验

自己的人生经验，可说是最贴切的谈话资料，而且也较能受到听众的注意。不过，基于我个人的经验，说话的人都很难接受这种建议。他们不以自己的经验为话题的理由，不外是认为自己的经验没有什么特殊，以致时时想高攀哲学的原理，以及所谓的一般理论。很不幸的是——“那儿”的大气很稀薄，在那里一般人是无法呼吸的。

诸如这一种人，一旦获知我们喜欢听崭新的消息，往往就会搬出所谓的“社论”。当然啦！只要是报馆的总编辑，或者发行人所写的社论，我们也不是一概不喜欢听。只要你愿意谈谈自己的人生经验，人们将会更为热心地倾听。

没有所谓叫人感到无聊的话

埃默森认为不管地位如何低的人，都可以向他学习某些东西，因此每一个人跟他说话时，他都会倾耳聆听。在我们的社会里，我相信没有一个人听过的话比我更多，只要是愿意说出个人体验的人，就算他所得到的人生教训微不足道，我仍然能够听得津津有味，始终不曾感到乏味。

想“说话”的绅士

现在我要举出的一个例子，是有关几年前在讲座上的一位讲师指导纽约市银行的干部当众说话的诀窍。

这些干部级的人因为时常被时间所困围，所以甭说是做适当的准备，甚至对自己身边事物的准备也感到困难。这种人毕生都在培育自己的思想、自己的信念，从独特角度观看事物，并且累积自己独特的经验。换言之，在 40 年之间，他们一直在积蓄说话的材料，但尽管事实上是如此，仍然有很多人对这个事实毫不自觉。

这是发生于某一个星期五的事情。与住宅区某银行具有关系的绅士（我们就姑且称他为杰克逊先生），看到时钟已经指着4点半，方始考虑到在“说话教室”里，应该谈论一些什么？他一面想着，一面走出办公室。他在报摊买了一本《展望》杂志，利用搭乘地下铁时，挑了一个标题为《成功必须在十年内达成》的社论来看。他之所以挑这一篇社论看，并非他对这件事特别关心，而只是为了应付自己在班上的演说之故。

一个小时后，杰克逊站起来，试图以趣味十足的口吻，把那一篇社论朗诵出来……

你猜？结果如何呢？

杰克逊先生对于想说的事情，并没有等到消化以后再吸收，他只是把自己要说的地方看一下就上场了，所以缺乏一种打从内心说出来，或者非说不可的口吻。杰克逊本人的态度以及口吻，已经十足表明了其漠然的态度，如此焉能感动听众呢？

杰克逊张口所说的是那位作者如此如此的“认为”，正是凸显出《展望》杂志的意见过多，而他本人却是近乎完全没有意见。

当他演说完毕时，讲师说：“杰克逊先生，我们对于写那篇论文的影子人物，一点也没有兴趣，因为那个人并不在现场。我们只对你的想法有兴趣，你就把自己的意见说出来吧！我看这样好了，到了下个星期，你再以这个问题做演讲。你不妨再仔细地阅读那一篇社论，问问自己是否赞成作者的说法。如果你赞成作者的说法，那就基于自己的经验，举出赞成他的例证；如果你不赞成的话，那就举出你不赞成的理由吧！也就是说，请你把那一篇社论当成你谈论的出发点。”

从自己的矿脉挖出话题

杰克逊重读那篇演说以后，发觉自己不能全然同意作者的说法。正因为如此，他凭记忆打出了一些实例，以证明他不能同意的理由，再基于银行经营者的立场，提出了各种经验，再以它们为根据点，发表他自己的意见。

经过了一个星期后，杰克逊基于自己的经历，信心十足地展开演说。他基于那一篇杂志的报道，提供同学们采自他自己矿脉的矿产、自己铸币局制造的钱币。

至于这两种方式中，哪一种方式较能给予同学们比较深刻的感动呢？关于这一点，我想最好由读者自行下判断。

（2）在自己的生活背景中找话题

有一天，我要求一群讲师针对教授初学者说话术时最感到头痛的问题，提出来讨论，并且写在纸上。结果在整理那些纸片时，我发觉讲师在教授初步课程中，最频繁地遭遇到的问题，正是所谓“适切的话题”。

那什么才是适切的话题呢？只要是一直在你身边，再透过经验与反省后，变成你的“所有物”的那些事物，都可以成为适切的话题。然而，应该如何找出那些话题呢？

为此，你必须挖掘记忆，在自己的生活背景中求取曾经给你强烈印象，而意义又深长的人生体验。数年前，我的班级曾经对“哪一种话题最能引起听众的关心？”展开一连串的调查，结果发现听众最喜欢的话题，是限定于个人生活背景内的话题。

幼年时代与奋斗的经过

像有关家庭生活、童年时的回忆、学生时代的话题，以及奋斗的经过，几乎都能赢得听众的关心，因为几乎所有的人们，都很关心其他的人在各自不同的环境中，如何碰到障碍，以及如何去克服它。

像以幼年的逆境，以及跟逆境格斗的电影、戏剧以及小说，所以那么让人百看不厌，不就是证明了这个领域的话题很受欢迎吗？不过，你凭什么能相信别人对你幼年时发生的事情有兴趣呢？关于这一点，有一个测验的基准——反正，只要长年特别鲜明地烙在你心坎里的事情，我就敢保证听众对它绝对会有兴趣。

年轻时代的力争上游

这种领域的话题，亦是颇富于人情味以及趣味的。为了争口气，在社会上扬眉吐气，这种力争上游的经过，必能够牢牢地抓住听众之心。你如何争取到现在的职业？你如何创办目前的事业？是什么动机促成了你今日的成就？这些都是受到欢迎的好题材。你也可以说出在竞争激烈的社会里，你所遭受到的挫折或者赢得的胜利。不管你的人生如何，只要它是真实并且是可以用谦虚的口气说出来的话，几乎都能够引起听众的关心。

趣味与余暇的活动

这个领域的话题，因为是基于个人的喜好，所以当然也能够成为吸引听众的题材。只要你打从内心里喜欢这种活动，一旦把它当成话题谈论时，绝对没有吃力不讨好的道理。

特殊知识的领域

一个人长年做着相同领域的工作，将成为这个领域的专家，只要你说及自己多年的经验、研究，以及你工作的各种层面，一定能够受到注目，赢得尊敬的眼光。

别开生面的体验

你碰到过伟人吗？战争中曾经受过炮火的洗礼吗？经历过精神方面的危机吗？诸如这些经验，都能够成为很好的谈话题材。

信念及信条

或许对于今日世界所面临的问题，你曾经耗费很多时间去思索吧？既然为了重大问题的研究，你已经耗费了不少时间，那你也就拥有谈论那些问题的资格。不过，别忘了提起使你建立信念的例证，因为听众并不喜欢老听一般理论，所以当谈论这些话题时，光是看一些报纸是不够的。

如果你对于那些问题的知识，不能胜过听众很多的话，还是放弃为妙。反过来说，如果那是你长年处理或者研究的问题的话，那就没有所谓的“问题”了，你可以利用它为话题，好好地谈论它。

正如本书第二部所指出一般，所谓演讲的准备，并非只是机械性地把你要说的话，以及一连串的句子写在纸上，或者背诵而已。所谓的“准备”，乃是把你要说的主题彻底研讨一番，再凭你的经验找出认为合理的证据，且切勿认为那些东西太琐碎，而把你找到的证据或者材料放弃，因为这些材料所组成的演说，往往比职业演说家的演说，更让人感到兴味盎然，感动人心的程度也比较深刻。

此外，最好是采用别人所没有资格谈论的话题，如此就能够满足在别人面前说话的第二个条件。

2. 最好选择使你“动心”的主题

这个话题是否适合你？虽然我们对某些话题都有谈论的资格，然而并非那些话题都能够叫我们动心。就以信奉“自己的事自己做”主义的我来说，对于洗盘子的事情，我具有充分的资格，然而我不但对这个话题没有兴趣，反而有心把它忘掉。

相反，对于家庭主妇来说，以洗盘子作为主题的话，她们将有说不完的话。如对于这种半永久性的作业，她们如何为自己抱不平，如何迸出了不满之怒火，或者为了逃避这种不愉快的杂事，她们采用了何种巧妙的手段等等。反正，一提起洗盘子的事情，她们将有滔滔不绝的话，所以当然就能够非常有效地以此话题从事演说。

说到此，又有一个问题出现。这个问题可用来判断你是否有资格在别人面前谈论的话题，是否真的适合你发表演说。那就是——如果有人站起来当面反对你的意见，你是否能够凭着信念与热心坚持自己的立场呢？如果你的答案是肯定的，那你就选对了主题。

必须是你内心想表达的东西

1926年，我曾经旁听在日内瓦举行的第七次国际联盟会议。到了最近，我发现了当时的备忘录，以下就是其中的一节——

在三四个人有气无力地朗读演讲稿一般，发表了演说之后，加拿大的乔治·福斯达发言。他的手里没有演讲稿、备忘录之类的东西，使人看起来非常满意。他几乎不停地在比手画脚，每一句话、每一个字眼都铿锵有力。这可能是他想从内心表达自己意思的缘故。很显然，他迫切地想把内心的信念，认真而完整地传达给听众。想不到我时常在讲座提倡的原则，竟然由福斯达表现了出来。

时至今日，我仍然会时常想起福斯达那一场很诚实、充满了热心的演说！

基于理性与感情两者的作用，选择完全属于自己的话题，就可以使你的诚恳浮现于外。

美国最火爆的演讲者之一富尔顿·辛恩斯基，在年轻时代就学到了这种教训。他在《人生值得歌颂》的这部著作里，如此写道——

我被选为大学辩论大会的会员，在举行大会的前一夜，辩论教授叫我到他的房间里，对我说："你真是个让人感到头痛的学生。这所学校有史以来，头一次有了像你这样让人感到束手无策的辩论会会员。"我为了再进一步了解他的含意，便反问他："既然我是个让人感到束手无策的学生，那么何以要选我为会员呢？"教授回答："因为你 很不错的思考能力。现在你就站在那儿稍微练习一下吧！"

于是，我选择了演说中的一节，重复了一个小时的辩论内容。这时教授又对我说："你感觉有什么地方不对劲吗？""没有呀！没有什么不对劲呀！"于是,我又练习了一个小时半……两个小时……两个小时半……最后我感到非常的疲倦。

"你仍然察觉不出来吗？"

我的理解力本来就很不错，因此在经过两个半小时以后，我也察觉到不对劲的地方了。"我懂了！问题在于我所说的话平淡无奇，没有感情，并不像在说出自己的真心话，好像在背书似的。"

就在那一瞬间，辛恩斯基学到了一生难以忘怀的教训，那就是——演讲时，必须把自己投入所说的话里面。

没有让人感动的事情？当我们讲座的讲师听到学生说："没有一件事情能让我真正感动，我的生活非常单调。"讲师就会问他们："那么，在空闲的时间里，你都做些什么呢？"经过这么一问时，有些人答以看电影、打保龄球，也有一些人答以种植花草，有一个学生甚至回答："搜集火柴盒。"

讲师对这个喜欢搜集火柴盒的学生进一步展开询问时，他逐渐地越说越有劲。不久以后，他竟然也利用各种手势，对搜集火柴盒的经过不厌其烦地展开说明。他以得意的口气说他几乎拥有世界各国的火柴盒。讲师眼看着他越来越热衷于话题，于是便对他说："那么，你就讲一些有关火柴盒商标的琐事吧！"

听了讲师的这一句话，那个学生感到讶然！他做梦也料想不到，有人会对火柴盒商标感到兴趣。虽然他本人对这种话题的价值采取否定的态度，但是讲师告诉他衡量话题是否有价值的唯一方法，就是看说话者对于他自己所说的话题，感到何种程度的兴趣。

那一夜，这个学生以搜集家特有的满腔热心，说明了他搜集火柴盒的经过。这以后，他每次出席于各处的午餐会，总会大谈有关他搜集火柴盒的经过，并且颇受各界人士的赞赏。

这个实例，对于想容易又快速地在大众面前说话的人，有着很好的启示作用，同时也跟第三个目标有着直接的关系。

3. 必须热心地跟听众分享话题的内容

成功或失败由听者决定

所谓“说话”，必须具备3个要素。那就是“说话的人”、“他所说的话”或“演说”，以及“听者”3个要素。

这一章开始的两个目标，谈论的是谈话者与他所谈的话之间的关系。到此为止，所谓“话”的条件还未齐全。必须到谈话者把话传给听众时，条件才算完整。

或许谈话者对要谈的话已有充分的准备，或甚至谈话者跟他热烈地谈论的话已有关联，不过要获得完全成功的话，还必须拥有另外一个要素，那就是——谈话者想说的话，必须能使听者感觉重要。谈话者本人对话题感到兴奋是不够的，必须具备一种能把兴奋传给听者的才能才行。

历史上著名的雄辩家并不都具备这种素质。不过，你若要称它是“外交手腕”或者“福音传播者”的素质，也悉听尊便。

能说善道的人，都希望听者跟自己有同感，同意自己的意见。他也喜欢把自己认为正确的事情付之实行，并且很热切地希望听众能再度跟他体验那件事情。总而言之，他站起来说话时，都是以听众为中心，绝对不是以自己为中心，因为聪明的演说者知道决定演说是否成功的并非他本人，而是听众。

对于目的的热情

我曾经面对着美国银行协会纽约市分部的员工，告诉他们劝导顾客储蓄的诀窍，不过其中有一个人仍然无法说服顾客。为了帮助这个银行人员，我采取的第一个手段是——刺激他对目的产生热情。

我对他说，依纽约遗言审查法院的记录，将死的 85% 的人，临终时不曾留下任何东西，留下 1 万美元以上遗产的人，只有 3.3% 而已。而且我一再对他强调，必须记牢这一点。同时我也再三提醒他，别认为自己是要求人，或强人所难。我叮咛他，必须对自己说："我一心为了这些人年老后的生活设想。为了死后能让他们的妻子过安定的生活，我只是在帮他们做准备而已。"

换言之，我要他牢牢地记住：自己是一个伟大的社会服务者，可以比拟一名十字军的战士。

对于我所说的那些事情，他思索了一下，然后把它们"搁"在心上，再利用自己感到有兴趣的方式，充满热心地认为自己担负着很重要的使命。如此隔了一段时间以后，他再去说服顾客的时候，说的话充满了自信，使听者领会到储蓄的好处。他所以有这种改变，是因为心中充满了想帮助人们的热诚。他不单是个以事实武装的谈话者，而且是个引人皈依有价值运动的传道者。

雄辩术毫无意义

在某一段时期，我教授公众演讲术时，几乎都是按照教科书的规则传授。不久后，我才发觉此种教授法，无异于针对教师摆不脱的坏习惯，所谓雄辩术的戏剧性技巧，所展开的一种反射性传授罢了。

对于我自己最初学习的“说话术”，我一辈子也忘不了。他们如此教我——

首先，把胳膊垂到身体的两侧，把手掌朝向里面轻轻地握着手指，再把大拇指贴在大腿上面。接着，一面描出优美的曲线，一面把胳膊抬起来，再有如要覆盖手腕一般，把胳膊反转。接下来，以食指、中指以及小指为顺序，把手指伸开来……这些美学以及装饰性的演技告一段落以后，胳膊又回到了原来的地方，贴在大腿上面。

这整个演技，简直是又粗鲁又装腔作势，不但不够诚实，更不具有任何意义。

教授谈话术的教师，并不试着教我把个性融入演讲里面，以一般正常人的态度，跟听众做活泼的交谈。

你不妨拿这种机械式的教法，与我在本书《有效说话的三种原则》所谈论的基本三原则彼此比较一下。这 3 个原则，乃是我训练谈话术的根本，而且效果甚为昭彰。在这一本书里面，这 3 个原则将一再地出现，至于其详细的情形，将在以下分别讨论。

第二部

说话术的三角关系

第四章　说话

大学教授与运输业者

这已经是相当久以前的事了。有一位人文学科的博士，以及年轻时当过英国水兵的粗俗男子，不约而同地进入了我们的讲座。具有博士学位者为大学的教授，当过水兵的粗俗男子，则在巷弄里开了一家卡车运输公司。不过他所说的话，比起大学教授所说的话来，更能够博得班上同学的喝彩。

这到底是为什么呢？因为虽然大学教授一向使用字正腔圆的英语，且由于他是在城市里长大，富于教养，做人方面也很干练，说话时井井有条，富于道理，论点明快，不过他的话中缺少了一个很重要的东西，那就是具体性。

正因为如此，教授所说的话显得很暧昧，往往只是概念而已，即使为了证明自己的论点，他也不曾举出自己的经验作说明。一言蔽之，他所说的话，只是一些使用论理之丝，缠合起来的抽象概念而已。

另外一方面，运输业者说起话来，则明确具体而富于写实性。他的话离不开日常事实，一旦提出了论点，他都不忘提出工作时发生的种种事情来证明它。他时常告诉同学遵守法规让他感到头痛，在工作方面跟他有关系的人们也令他疲于应付……他的说话方式，充满了新鲜与活力，不但使听者感到兴趣盎然，同时对他们的做人方面也有帮助。

我引用这个例子，并非有意把他俩放在模子里彻底地比较一下，而是要说明只要谈话内容多彩多姿，就能够引起听众的关心。

为了要引起听众的关心，你所说的话必须在下列 4 种方法中发展。只要在准备之际，遵从这 4 种方法，毫无疑问，你的话题就能引起听众的关心。

1. 限定主题

贪心只会招致失败

一旦选好了话题以后，下一步就是要决定话题伸长的境界，严格地规定自己在这范围之内谈论，绝对不要再犯“漫无止境”的错误。

某一位青年决定以“纪元前 50 年的雅典到朝鲜战争”为主题，展开两分钟的演讲。这实在是很危险的尝试，以至于直到演讲结束为止，他只说到雅典市的创立。这就是想在一则话里面掺进太多的事，而遭受到失败的明显例子。

这是一个极端的例子，但纵然不到这种程度，其他还是有很多以相同的理由而无法引起听众关心及共鸣的例子，而且这些演讲方式错误的理由，无非是演讲者想说太多的事情。不过由于人们大都不能把注意力不断地集中于单调的事实，所以如果你所说的话听起来像年鉴一般的话，也绝对不能长时间引起听众的注意。

重点越少越好

譬如选择“黄石公园之旅”为话题，如果太过于热心，想描写公园里所有的风景的话，对于演讲者迅速的描写方式，听众只会感到头昏脑涨，结果呢，对于重要的山岳、瀑布以及泉水的描写，只能给予听众模糊的印象。

反过来说，假如能把话题限定于公园的一部分，例如，野生动物以及温泉的话，那就不难让听众留下鲜明的印象。把话题限定于这个范围之内，如果时间允许的话，也不妨可以针对黄石公园鲜活而富于变化的特点，以写实的方式描写出来。

对于任何演讲主题的处理方式都一样，即使是像销售术、制造蛋糕、如何节税、弹道飞弹等话题，都得如此。

在开始演讲以前，就要限定重点，以便在规定的时间内讲完。以 5 分钟以内必须讲完的演说而言，如果要使听者留下深刻印象的话，充其量只能有一个到两个的重点。就算是长达半个小时的演讲，主题如果超过四五个的话，能够获得成功的机会，也可说是微乎其微。

2. 储蓄预备力量

从 100 种想法中选出一个主题

与对一个事实追根究底相比，进行表面性研讨的方式实在是容易多了，而且也不必费很大的力气。不过话又说回来了，若采取避重就轻的方式，也不可能让听众感动。

把主题缩小以后，接下来必须做的事情，不外是展开自我质问，以便加深理解。经过如此准备以后，你就能够针对自己选择的话题，以权威的姿态展开演讲。所谓的自我质问，不外是——我为何相信这个主题是正确的呢？在实际生活方面，我曾经看到过这个论点被证实了吗？我将证明一些什么呢？它又是如何引起的呢？

这些自我质问，将为你带来预备的力量，让听众心服口服，解答他们的问题。植物学奇才路德·巴潘为了制造一两个最好的植物标本，必须试做100万个以上的标本。以谈话术方面来说，亦复如此。也即不妨从一个主题的周围搜集 100 个想法，再把其中的 90 个想法舍弃。

畅销书的秘密

“为了获得某一种情报，我通常要搜集 10 倍或者 100 倍的情报。”畅销书《内幕》的作者约翰·昆沙如此表示。在 1956 年，他准备撰写有关精神病院的一连串琐事时，他的行动就做了最有力的证明。

那时，他参观了精神病院，屡次跟医生、护士以及病患交谈。我的一位朋友跟他同行，协助他展开调查。朋友告诉我说，他跟昆沙爬过的楼梯不下几英里，且不停地在走廊以及建筑物之间来回，而且一连来回了好多天。昆沙写了好几册备忘录，他的工作室都堆满了州政府的报告、私立医院的报告以及委员会的统计。

最后，他写了 4 篇简短的记事文。其实，这种记事文已经可以充作很好的演讲文，虽然简洁，但是充满了很多奇闻轶事。用来打这些记事文的纸张，只有几盎司而已，然而充作参考数据的笔记本，以及产生那几盎司记事文的数据，却已经超过了 20 磅。

昆沙知道他自己如此做，等于是在淘着有黄金的河床。老行家的他，认为些微有关主题的琐事都不能放过，所以一心一意地搜集资料，结果真的筛出了金块。

我的朋友说："教人切除盲肠的方法，只要费时 10 分钟就够了。但是对于中途发生差错的处置法，就是耗 4 年也教不了。"

在演讲方面亦复如此。为了能够应付非常的场合，绝对不能忽略了准备。有了充分的准备以后，就可以凭借前一位演讲者所说的内容，改变你要强调的重点，甚至还可以在演讲以后，回答听众的各种问题。

使话题发酵

只要早一点找到话题，就可以获得充分的预备力量，切勿到了演讲前两天或者当天，方才着手准备。早一点决定话题，即可让潜在意识早些对它发生作用，这对演说的准备有着莫大的帮助。在一天工作的余暇，不妨更进一步地研讨这个话题，并且提升你的想法。

例如，你可以利用开车、等公交车，或者搭乘地下铁的时间，彻底检讨演讲的主题。在这种“潜在期间”里，内心里往往会萌出很绝妙的自我反省，因为话题的早点决定，使你的精神在无意识之下，对它发生了作用。

诺曼·汤马斯是一位罕见的雄辩家，所以即使在政见方面反对他的听众，也对他充满了敬意。他说：“如果想轰轰烈烈地演说的话，演讲者必须在内心里不断重复地检讨该主题的论点，甚至必须跟它一块生活。只要你肯如此做，当你在街道上行走、看报纸就寝以前、早晨起床以后的时间里，你就会惊讶于这些对你的演讲有帮助的实例，或者对话题进行有用的启示，将一一地浮现出来。那种‘不够劲’的谈话方式，不外是陈腐的想法所带来的，对主题来说，根本就没有任何的帮助。”

不必逐句地记录

处于这个过程中的时候，你或许会产生一种把演说的内容逐句写出的冲动。这种想法最好避免，因为如此一做以后，你将因此而感到满足，再也不想添加任何建设性的想法；同时，这也会带来背诵原稿的危险性。

对于背诵一事，马克·吐温曾经说过：“书写的东西，不适合当成演讲稿，因为它到底只是文章罢了。它硬绷绷的，缺乏弹性，不能驱使舌头有效果地把它表现出来。如果演说的内容，并非要教导听众某种东西，只是要博君一笑的话，那么只要用日常轻松、奔放的自然言语就足够了。如果不是那样的话，只会让大家感到厌倦，根本就不能使他们快乐。”

对世界一级大公司——军方发动机制造厂的发展有贡献的却尔斯·凯塔林，是最善于演讲的人之一。当有人问他是否曾经撰写演讲稿时，他回答：“我想演说的东西太重要了，因此不能写在纸上面。我希望能在听众的内心及感情中写下我的演说词，所以怎能让纸张介入我跟我的听众之间呢？”

3. 驱使众多的实例

鲁道夫·弗雷修在他的著作《文章做法》里面如此写道：“真正耐得住阅读的东西，只有故事而已。”并且还举出《时代杂志》以及《读者文摘》如何应用这个原理。

这两种发行数量很大的杂志，绝大多数的新闻、消息等等，都是以纯粹口语化的文体写成，而且还夹杂着奇闻轶事等东西。所谓说故事式的口吻，不仅适合应用于杂志方面的文章，甚至可以应用到演说方面，以此获得听众的关心。

提起了诺曼·比鲁的布道，几乎无人不晓，在电视及广播方面，他拥有好几百万的听众。为了使他的内容充满情趣，他最喜欢采用“实例”为材料。他曾经对《演讲季刊》杂志的记者说：“据我所知，基于事实的例证，最能够使思考明了，同时也能使听众感到趣味盎然，是一种最具有说服力的方法。每次我要证明重要的论点，我总是会使用几个实例。

为了把使用实例当成你的重要技术，你应该怎么做呢？关于这一点，总共有5个方法：一是加上人情味。二是用名字使人物个性化。三是使细部明显化。四是配以戏剧性的效果。五是增加视觉效果。

（1）加上人情味

往日，我曾经对居住于巴黎的美国实业家们，提出了一个演说的课题“成功的秘诀”。结果，大多数的企业家只叙述了抽象的美德，最多也止于谈论勤勉、忍耐以及野心的价值而已。于是，我只好中止他们的演说，并且提醒他们——

听众是不喜欢说教的，除非你的演说能让人感到妙趣横生，否则根本就不会有人注意你。还有一点，那就是在这个世界里最能引人发生兴趣者，乃是经过升华以及美化的街谈巷议。这一点很重要，请不要忘记。正因为世人具有好奇的心理，一旦有机会的话，你就不妨针对认识的两个人物，发表谈话。你可以谈谈其中的一个人何以飞黄腾达，另外一个人何以会惨遭失败？如此的话，听众就会感到兴趣盎然，而你的话自然就会被听众记牢。

在那一次的讲座里面，有一个学生本来很不善于引起听众的兴趣，后来有一晚他利用了我的提案，谈起他大学时代的两位同学。

其中一位同学很节俭，他到市镇上不同的成衣店购买衬衫，再分析哪一家出售的衬衫最耐穿，以估计他投资到哪一厂牌的衬衫回报率最高……如此这般，他的内心一直在计算金钱方面的得失。从工业大学毕业以后，他把自己想象为重要的人物，不屑于跟其他的毕业生一起从基层干起。等到毕业 3 年后召开同学会时，他仍旧在计算那些“回报率”，等待着理想的工作找上他……

其实，世上哪有这种便宜的事情呢？在经过了 25 年后的今天，他仍然在大发牢骚，不愿从低的职务往上爬。

说到此，演讲者再把话锋一转，谈起了同学们不曾预料到的成功者。这位成功者善于交际，每一个人都喜欢他，他从不抱有轰轰烈烈的野心。首先，他从制图的工作开始，一直很勤勉地做事，一心一意地等着机会来临。那时，纽约市计划举办世界博览会，他预料到纽约将需要很多的技术员，于是他毅然地辞掉费城的工作，到纽约找到一个伙伴，开始经营包工的事业。他包了很多电话公司的工作，后来电话公司便以高薪聘用了他。

以上，我只是大略地叙述那个男子的演说而已。实际上，他所说的话包含着很细致、充满了人情味的描写，不仅使听众感到兴趣万分，同时还富于相当的启发性。

他又继续讲下去……平常连 3 分钟演讲的材料都找不出来的人，在他讲完时，发觉自己竟然牢牢地扣住听众的心弦 10 分钟，其惊讶的程度已难以用笔墨描写。这是他在演讲方面第一次真正的胜利。

“不能说自己的事”乃是谎言

或许在看过了上文以后，每一个人都会产生某种感触，那就是把富有人情味的奇闻轶事加入演说里，就可以扣紧听众的心弦，而且还必须把要点尽量减少，再举出实例，具体地说明那些要点。

当然啦！必须凭你自己的体验及环境，方能够获得源源不断的充满人情味的材料。正因为如此，绝对不能被所谓“不能说自己的事”的观念所囿，必须把自己的经验逐一说出来。听众所以会对演说者产生反感，并非因为演说者谈论自己本身的事情，而是他的话里充满了挑战的意味，以及自我中心。除开这两点，听众对听演讲者谈及他个人的话，仍然会感到兴趣。它也是引起听众关心的一种手段，切勿轻视它。

（2）用名字使人物个性化

逢到演讲涉及他人时，最好是使用他的真名字。如果你不想公开他的名字，那就使用假名字吧！就算使用“史密斯”或者“乔治”等一般性的名字，仍然比使用“那个男人”或者“某人”更具有说服力。

有了名字，就容易区别不同的人，使他们富有个性。

鲁道夫·弗列修曾经指出：“没有一件事情比起名字来，更能为故事添上真实性。反过来说，也没有比所谓‘匿名’更非现实的东西。为了证明这一点，你不妨想想看，一部没有主角名字的小说会变得如何？”

在你的演讲中，使用人名以及人称代名词，一定能使抓牢听众之心的比率增高。

（3）使细部明显化

关于这一点，大家很可能会如此说：“你说得很对。可是应该如何做，才能够把细部作明显化的说明呢？”其实在这里，我们不妨使用新闻记者写稿子的5个原则，也就是回答“在何时？在何地？是谁？是什么事？为了什么？”这5个问题。只要遵从这种方式，你所举的实例就会变成富有生命及色彩的东西。以下，我就要举出一则轶事。这一则轶事是我曾在《读者文摘》中发表的文章——

我从大学毕业以后，担任了亚马公司的推销员，旅行于南达克达州整整两年。我搭着货车，到自己被分配到的地区巡回推销商品。有一天，我为了在南达克达州的“红野”搭乘南下的火车，非得整整等上两个钟头不可。因为“红野”并非我的推销地区，我当然不能趁此空当推销商品。

那时的我，计划在一年以内进入纽约的戏剧大学攻读，所以决定利用这一段空当的时间练习说话。我在车站旁的小路踽踽而行，开始朗读莎士比亚作品《麦克白》的一个场景。我伸出了两臂，就像演员一般地大叫了起来：“噢……那儿不是有一把短剑吗？而且剑的护手又朝着我的方向……好吧……把剑抓住吧……难道你不敢抓它吗？”

突然之间，四个警察扑向我，责问我为何要吓唬妇女？那时，我还浸淫在戏剧的气氛里面，以致不晓得警察何以要抓我？警察对我说，有一个妇女从厨房的窗帘里一直在观察我。因为我的举止太古怪，所以她就打电话报警了。

警察又说，当他们靠近我时，我正在大声地咆哮：“短刀在那儿？”我向警察说明我正在练习莎士比亚的戏剧，但是他们不肯相信，一直到我出示亚马公司的订货单时，他们才释放了我。

你不妨想想，这一件妙事，跟上述的5个问题是否相应呢？

当然啦！如果把没有关系以及无意义的事情，说得又臭又长的话，谁都会感到厌倦。在南达克达州的某一个市镇，差一点就被逮捕的这个故事，对于5个条件的任何一个问题，都能够提出简单而扼要的答案。如果在太多的细部讲个没完的话，听众就不会向你投注完全的注意力。在这个世界上，没有比不关心更为严酷的拒绝了。

（4）配以戏剧性的效果

以下我就要应用一个人际关系的法则，举出如何成功地安抚暴躁顾客的例子。

前一天，有个男子到我的办公室。原来，上个星期他向我们购买的电器制品，不能好好地发挥效用，使得他暴跳如雷。于是我就对他说，我们会尽全力把这个产品修好。听我很诚恳地如此说，他就逐渐平息了怒气。

这一则例证虽然把问题很明确地说了出来，不过却缺乏人名又不够详细。其最大的缺点是——缺乏使这件事显得更为鲜活的会话。以下，就是加入会话的例子。

上星期二，办公室的门被敲得砰砰作响。我抬头一看，正好看到我的顾客查理怒气冲冲的脸。我连请他坐下来的机会都没有。

“爱德华！这是最后的通牒！”查理红着脸大嚷着说。

“快派出一部货车，到我家的地下室把那部没用的洗衣机搬回来。”

我问他到底发生了什么事情？他并没有正面回答我的问题，只是气冲冲地说：

“你那一部机器太烂了！”他大声地咆哮说，“洗的衣服都缠在一块，我老婆气炸了！她说再也不敢领教你们的洗衣机了。”

我心平气和地请他坐下来，再详细地说明。

“我没有坐下来的时间。一来这样我会来不及上班，二来我正在后悔不该向你购买洗衣机！我告诉你：以后我再也不向你购买任何东西了！”说到此，他用劲地拍打桌子，连我太太的照片也被拍到地上去了。

“我说查理啊！”我安抚着他，“你先坐下来吧！好好地谈谈，只要我做得到，我一定为你修好。”

到此，他方才坐了下来，心平气和地跟我交谈，事情就如此解决了。

并不一定非在你说的话当中加入会话不可，然而只要看看以上所举的会话例子，你就不难了解到直接引用会话，将增加很多戏剧性的效果。如果演说者具有模仿的才能，能表达出不同声音的调子来的话，那么该会话的效果将能倍增。

同时，使用对话的方式，更能够使你所说的话充满了日常会话的气氛。如此一来，将予人一种跟说话者围着晚餐桌交谈的印象。你绝不要学习那些向麦克风大叫的演说家，以及在学会席上装模作样地朗读论文的学者。

（5）增加视觉效果

据某一位心理学家透露，我们所获得的知识85%以上都是透过视觉印象而获得的。

电视不仅能够发挥娱乐的功能，亦能够很有效果地发挥宣传媒体的机能。由此我们不难判断，前面那一位心理学者的说法毋庸置疑。其实，就连公众演说也不例外，因为它不仅是一种听觉的技术，也是视觉的技术。

为了把已很详细的话再添加几分真实感，最好能够采取视觉的表现法。像有关高尔夫球的打法，只要在课堂上讲解几个小时，就能够教人如何挥球杆，但是听的人一定会感到厌倦，所以如果改在球场实地示范的话，大家的耳目就会集中于你的身上。同样，使用你的手腕与肩膀表示遇到乱流而摇晃不已的飞机的话，对于你在高空中九死一生的惊魂经过，听者更能够体会到你紧张的那一时刻。

关于这一点，我时常会想起在产业劳动者的班上，一个会员对我所说的话。他的那一段话，可说是可视化演讲的杰作。这一个会员很有技巧地揶揄了效率专家以及监工，他以叫人喷饭的滑稽动作，表现出绅士们在检查故障机械的嘴脸，以及笨拙的举止。那些滑稽透顶的动作，就是在电视上面也很难看到。正因为他把谈话可视化，使得他的话牢牢地留存于听者的记忆里面，而我既然也是听众之一，所以想必一辈子也忘不了。相信班上的同学时到如今，也仍会津津乐道呢！

“到底如何才能够把谈话可视化呢？”你不妨如此自问自答，接下来再把它付诸实施。这就像古代中国人所说过的一句话——拿图画给对方看，比利用千言万语说明更有效果。

4. 使用具体而具有亲密性的言语

散播映像

在抓住听者注意力的过程中（对于任何说话的人来说，这是第一个目的），有一个最重要的辅助手段以及技术，但说话者往往会忽略了它的存在，或者根本就没有意识到它。所谓让人容易接纳的谈话，就是能使听者的眼前不断浮现映像的谈话。

那些惯于使用模糊不清、缺乏精彩象征的谈话者，只会使听者感到昏昏欲睡。

不说“狗”而说“牛头犬”

哈巴多·史宾塞在一部名叫《文体之哲学》的散文书籍中，指出一些往昔用语的卓越性，因为它们能够引起鲜明的印象——

当我们在想某一件事的时候，并不能只驱使一般的概念，而是要以特殊的概念思考。因此，以下的文章必须避免——

“一个国家的风俗、习惯、娱乐等，越为残酷、野蛮，其刑罚的规则也越严厉。”

而或许我们可以这么说——“一个国家的人民越喜好战争、斗牛以及决斗的话，他们越可能以残酷的刑罚，如绞刑、火刑等，来处罚罪犯。”

关于塑造出映像的文章，在《圣经》以及莎士比亚的作品里，多得有如云集在汽水工厂的蜜蜂。如果是平凡的作家，对于这种写法他将会如此批评——“试图将原本完整的东西来个改头换面。”或者以不屑的口吻说：“那是画蛇添足的写法。”关于映像这个概念，莎士比亚又是如何表现的呢？他喜欢以永远不灭的映像语言表现，例如在精制的金饰上面套上金箔，利用水彩在绘有花彩的地方涂抹，用香水喷洒紫罗兰。

你察觉到了吗？那些一代又传过一代的谚语，是否都具有强烈的视觉性呢？例如：“手中的一只鸟儿，胜过矮树丛里的两只鸟儿。”“要下雨，就倾盆而下。”“即使把马儿牵到有水的地方，仍然不能使它喝水。”等等，都是很明显的例子。

除此以外，像被使用了好几个世纪，古色古香的比喻用语，你是否感觉到它们也具有很强烈的映像性要素呢？这一类的用语有“狡猾如狐狸”、“就像面饼一般的扁平”、“像石头一样硬”等等。

林肯说话时，一向喜欢使用视觉性的用语。在白宫里面，每逢碰到又臭又长、故作神秘以及繁杂的报告时，他都会使用映像式的言语修正它们，以便使它们能够长久留存于人们的记忆里。他曾经说过：“有人托你购买马匹时，你必须报告的事，并非马儿尾巴上面有几根毛，购买的人真正想要知道的事情，乃是那一匹马的好坏与否。”

你不妨磨炼利用视觉诉求的能力，因为那有如背对着夕阳产生影子的雄鹿锐角一般鲜活而锐利的映像语言，能够予人很大的感动。

同样是“狗”，如果它是“牛头犬”的话，那么给人的印象将更为鲜明。如果是全身都有花纹的牛头犬的话，将更能引起鲜明的映像。比起一头马来，“黑色的骏马”所勾勒的映像不是更为鲜明吗？

详细的叙述

在《文体的要素》里面，威廉·史多兰说：“凡是学过文章技巧的人们，都一致认为——为了唤起读者的注意力，牢牢地吸引他们起见，必须详细明确而具体地书写文章……伟大的作家荷马、但丁、莎丁比亚等人，一向都擅长于细微的描写，因此富有比他人强好几倍的说服力，所写的东西，也都能够引起鲜明的印象。”——不仅写文章要那样，说话也必须那样。

往昔，我曾经举行一项实验，那就是基于一般交谈的方式，说出演讲稿的内容，而且谈话者必须在每一节中插入一些事实、固有名词、数字乃至于日期。结果，非常富于革命性。班上的听讲者都使用了具体的言词，举行一次彼此理解一般概念的游戏。只要使用我们日常明快、充满活力的言语交谈，就不至于耗费很多的时间。

法国哲学家亚兰说：“抽象的文体，对于描写任何事情都不适合。你最好使用肥皂、金属、桌椅等东西，填满你的文章。”

同样，这种说法也可以应用到日常的会话。事实上，本章所叙述的如何在众人面前谈话，特别是在细部用心方面，也可以应用到一般的会话中。只有注意细部,方能够使会话充满活力。

只要你有意成为健谈的人，你就不妨遵从这一章所包含的忠告，如此的话，你就可以得到益处。如果你是一名推销员，一旦把细部派上用场的话，你就会感觉到它的魔力有多大。

不管是处于重要地位的人、家庭主妇或者是教师，只要基于具体的事实，细密地描写的话，不管是下达命令或者是提供情报，都能够提高效果。

第五章　说话的人

海德公园的3个演讲

在第一次世界大战结束后不久，我到伦敦跟汤马斯先生一起工作。他在拥挤的会场，展开一连串有关“阿拉伯的劳伦”的演讲。

有一个星期天，我不知不觉地走到海德公园的大理石拱形门一带。在那儿，各色人种以及不同信仰的人，可以在不受到法律干涉之下，发表演说。我曾经站在那儿一段时间，听取天主教徒大谈法王不可谬说的教义，也听到社会主义者在谈论马克思主义。当我又走到另外一堆群众里面时，有一个男子正在谈论一夫四妻的适切性……接着，我离开了3个演讲者远远的，观察了这三堆群众。

说起来也许你不会相信，听众最少的竟然是谈论一夫多妻主义的人！至于其他两个演讲者的听众则越来越多。为何会如此呢？是否因为他的话题枯燥乏味呢？不是。

不过，隔了一段时间以后，我就恍然大悟了，原来问题在于演讲者本身。因为那一个谈论一夫多妻妙处的男子，本人似乎对一夫多妻也没有多大的兴趣，但是相反，其他两人则都很热衷于自己的主题，以致言谈之间充满了活力，甚至比手画脚的，脸上充满了光彩。

活力、朝气、热心——这就是谈话者必备的条件。因为充满了活力的演讲者周围，总是集满了野火鸡似的听众。

那么，为了使你的谈话充满活力又能吸引听众的注意力起见，你应该怎么办呢？在这一章里面，我就要谈论能够把热诚及兴奋注入话题的三大原则。

1. 选择自己认真研究的话题

在本书第三章中，我强调把感情融入主题的重要性，认为除非热衷于自己所选择的主题，否则听众不会相信你所说的话。如果主题是关于趣味以及休闲活动方面的话，只要是能够使你感到兴奋的事情，就能够很热烈地谈论它。

牧草与胡桃灰事件

距今二十多年以前，我在纽约市开办讲座时，曾经听到一则充满了热忱及说服力的谈话。在这以前，我不止听过一次具有说服力的谈话，然而始终没有听过如此震撼人心的谈话。那是超越常识，以热忱获得胜利、大放异彩的谈话，我管它叫“牧草与胡桃灰事件”。

有一天，市内一家著名公司的推销员发表谈话说，纵然没有种子以及草根，仍然能够使牧草长出来。他说，只要在土壤上面洒了胡桃树的灰，不久后就会长出绿油油的牧草。他执拗地说，除了胡桃树的灰，没有任何东西能够使牧草长出来。

我冷静地批评他所说的话，并且对他说，如果他的发现是真实的话，他老早就成了百万富翁，因为35公升的牧草种子可以卖到几块美金。我又说，如果这是事实，由于这一项发现，他将被看成非凡的科学家而留名青史，因为能从非生物创造出生命的，古今中外没有一人。

我尽量心平气和地对他说明那是一件不可能的事，就连其他听讲人员也认为他的主张是错误的。但是，他始终坚持自己并没有错，并且振振有词地说那并非空谈，而是他实际经验过的事情。他又提出了能够作为参考的数据及证据，口口声声地说他的主张是完全正确的。他的声音充满了热诚与真挚。

我再度告诉他，他的说法绝对不可能正确。想不到他立刻从座位站起来，声称他可以赌5美元，请美国农务部专员证实之后，再决定胜负。

热忱与确信能感动人

结果又如何呢？讲座的听讲生竟然有不少人站在他那边，就连开始持疑问态度的人，也有不少向着他。如果这时来一个表决的话，一定有过半数的人站在他那边。我就问那些向他靠拢的人们，为何信念会发生动摇呢？他们都异口同声地说，那是因为受到谈话者的真挚以及毫不动摇的信念所感动，以致对常识性的见解产生了疑问。

我为了一扫含糊的态度，只好写信请教农务部。结果农务部的回答是——胡桃树烧成的灰，不可能生出牧草以及其他任何生物。末了又添加几行说，有一封寄自纽约的信也询问相同的问题。原来，是那一位推销员也写了信去询问农务部。

这一件事，给了我一个难以忘怀的教训。只要谈话者坚信某一件事，认真去谈论的话，一定能够获得支持者，就连胡桃灰会产生牧草的说法，他们也会深信不移。

由此不难推测，只要获得常识与事实证明的话题，更能够发挥惊人的说服力。不过，几乎所有谈话者，都会担心听众对于他选择的话题是否有兴趣。

要使听众感到兴趣的话，只有一种方法可循，那就是针对话题煽起热情之火，如此就可以抓住听众的心。

这已经是好几年以前的事情了。我在巴尔的摩开办讲座时，有一个男子发出警告说，如果基于目前的渔获法，滥捕杰沙毕克海湾的笠子鱼（即鲉鱼）的话，不久笠子鱼将绝种，而且只需几年的时间。他非常热衷于自己的话题。

其实，这是一件很重大的事件。一直到他站起来谈话为止，我完全不知道杰沙毕克海湾有笠子鱼呢！我认为多数的听众跟我相同，对于笠子鱼既没有兴趣，又不会真正地关心。不过，在这位仁兄的谈论还没有结束之前，我们已经在要求政府保护笠子鱼的请愿书上面签了名。

往昔曾经是意大利驻美大使的李察·威修潘，也是一名作家。当记者问他使读者感到兴趣的诀窍是什么时，他回答:“因为人生的确妙趣无穷，我当然无法平静下来。因此，我就只好把自己的感受告诉读者。”

像这一类懂得诀窍的作家以及演说家，听众是无法避开他们的引诱的。

我曾经到伦敦听著名人物的演说。听完演说以后，英国著名的作家宾逊批评说，他比较喜欢演讲的末尾部分，因为演讲者对末尾部分比较关心。

以下，我就要举出一个例子，解释上乘选择话题的重要性。

激愤之余，使演讲变成动人有力

有一位名叫弗林的绅士加入了我在华盛顿召开的讲座。讲座才开始不久，弗林选择华盛顿为演讲的题目。他从报馆的小册子搜集演说的材料，正因为如此，他的演讲显得枯燥乏味。他虽然在华盛顿居住了好多年，却不曾表达自己对华盛顿的感情，只是一味地举出大家都知道的事实，使得听者感到索然无味。

经过两个星期以后，发生了一件足以改变弗林的事件。一个冒失的男子开车撞到弗林停在路边的车子，立刻逃之夭夭，使得弗林无法得到保险金，还得自己掏腰包修理车子。不过正因为如此，他方才有了一个谈话的题目。上一次有关华盛顿的演讲，使弗林吃了瘪。这一次却不同了。对于自己被撞烂的车子，弗林氏的谈话有如火山一般地爆发开来，口沫横飞地发表谈话。在两个星期前，都巴不得弗林快点说完下台的同学，这次都以热烈的喝彩鼓励弗林。

容我再重复一遍，只要选择适合你自己的话题，你的演讲一定会成功。如果再把话题限定于一个范围的话，成功就毫无疑问了。讲一些你坚信不移的信念最为理想！对于人生的某一个层面，每一个人都有强烈的信念，不必舍近就远地到处寻找。一般说来，这种主题常浮现于你的意识表面。

只凭表面的印象不能感动人

最近，电视播放了有关死刑的争论实况。很多人出席了座谈会，纷纷议论死刑的是与非。其中有一位来自洛杉矶的警官，很明显，他对这个问题已经思虑了很久。基于有 11 名警官同事被嫌犯射杀的事实，他抱着非常强烈的信念，他从内心里深信自己的主张是正确的，因此能以痛切的语调发表谈话。

其实，能在青史上留名的雄辩者，他们打动听众心坎的说词，就都是来自强烈的信念，以及深刻的感动。

诚实可受到信念的支持，至于所谓的信念也者，可由智慧、冷静的思考，以及炽热的感情所组成。

“所谓的心也者，包含着理性所不知的理性。”——巴斯考尔敏锐省察的真实性，可由种种不同的形态证明。关于这一点，我已经在自己的讲座上看过好多次。

一位波士顿的律师说起话来很流畅，外表又很讨好。不过他发表谈话以后，人们却只会夸他是一个很伶俐的男人。反正，他只能给别人表面性的印象，因为他所说的话，只有表面经过修饰，骨子里都没有什么感情存在。

在同一个讲座里，有一位保险公司的外务员。他长得矮小，没有好风采，说起话来断断续续，有时甚至停顿下来，不过他所说的一言一语都充满了感情，以致能牢牢地打进听者的心坎里。

林肯总统在华盛顿福特剧场被暗杀至今已经一百多年了，但是他充满了真挚诚实的人生，以及他在世时的言行，至今仍然活在我们的心坎里。以法律常识来说，比林肯更为出色的人，在当时可说比比皆是，而且林肯欠缺文雅，人格不太圆满，待人的态度也不够圆滑。但是他在盖茨堡以及华盛顿国会大厦所发表的谈话，其真挚以及诚实的态度，综观美国历史，实在是无人能出其右。

对某件事发生兴趣

一提起强烈的信念以及关心，或许有一些人会说："没有让我感到关心的事，而且我也没有任何强烈的信念呀！"遇到这种情形，我总是会劝他们要多多培养兴趣。

譬如，有位听讲人问我如何培养兴趣时，我顺口对他说："你可以培养对鸽子的兴趣呀！你不妨到广场上观察鸽子，给鸽子东西吃，再到图书馆翻看一些有关鸽子的书本，再回到广场，跟鸽子说说话。"

他依照我说的方法去做，等他再度回来时，我再也不必催促他，他也能以非常狂热的口吻谈论鸽子，因为他已经读过了40册有关鸽子的书本。那时他所说的话，是我所听到的最有趣的话题之一。

在此，我还要奉劝大家不妨进一步研究你想要谈论的话题，因为对于自己喜欢的东西知道得越多，越能够使你提升热情的层次。

《销售五原则》的作者巴西·怀丁说："身为一个推销员，必须永不休止地研究自己所推销的商品。对于良好的制品知道得越多，越能够强烈地爱着那种商品。"

谈话方面亦复如此，对于自己想说的话题知道得越多，越能够认真地研究这个话题，当然也更能够提高你对它的热情。

2. 使感情再生

勿压抑正直的感情

假设你仅仅超速1英里，就被交通警察开罚单的话，一定会感到愤愤不平。这时，当你面对着一群听众提及自己的遭遇时，你能够保持非常冷静的态度吗？因为那是实际发生在你身上的事情，你当然能够以很明确的言语以及感情表现出来。如果你是站在第三者的立场诉说那种遭遇的话，听众便不可能获得很强烈的印象。

听者最想知道的是，当警察交给你罚单时，你有什么感觉，所以只要你能够把那时的感情重现，你就不难鲜活地把当时的你表现出来。

我们看电影以及戏剧的理由之一，无非是想看看各种感情如何被表现出来罢了。曾几何时，我们已经不敢在他人面前明显地表现出自己的感情，久而久之，使得感情严重受压抑，为了寻找感情的“泄洪口”起见，人们不得不在剧场流连。

因此，在众人面前说话时，你的话所包含的兴奋量越多，你所说的话题越能够获得关心。由此可见，正直的感情不宜压抑，对于燃烧中的热情，不宜对它泼冷水，你可以向听众表示，你对于自己选择的主题是如何热心地在谈论，只要如此做，即可同样引起听众的热情。

3. 举止之间必须充满热心

演讲者是指挥官

走到听众面前时，你不妨想象有一件很快乐的事情等着你去做，切勿把自己看成登上死刑台的罪犯。不管是否真实，轻快的脚步将给你带来奇迹，并给予听众妙语如珠的感觉。

在开始演讲以前，不妨来一个深呼吸，不要贴近桌子，最好抬头挺胸，因为你将说一些有益的话给听众听，所以当然你得格外注意自己的一举手一投足。身为指挥者的你，必须像一个指挥者的样子，如果你的声音能够大到最后一排的人都能听到，它就会在无形中鼓励你，即使是以指手画脚的方式，它也能够刺激你。

雷亚德夫妇称为“反应作用之暖身”的这个原理，在必要活动的任何状况下都适用。雷亚德夫妇在其著作《有效率的记忆术》里面，这样批评罗斯福总统：“他以其登录商标的精力、锐气、热心以及抗力终其一生。凡是由他主办的事件，他都会表示深刻的关心，就算不关心，他也会很巧妙地装成关心的样子。”

罗斯福一直奉行着威廉·詹姆斯的哲理——“装成很热心的样子”，如此一来，对所有的行动便能很自然地萌生热情。所以你必须记牢这一句话——

“只要装成很热心，就能感受到自己的热情。”

第六章　听 众

没有一模一样的演讲

拉塞尔·坎威尔著名的演讲《钻石的土地》，前后举行了6000次左右。既然重复了这么多次，它的形式一定会牢牢地固定于演讲者的心坎里，就连一言一语以及声音的抑扬顿挫都不会改变吧？也许你会如此认为。

事实上并不如此，坎威尔博士知道听众的层次不同，因此为了使每一层次的听众都感到满足，让谈话者、谈话的内容，以及与听者之间的关系，变成“活”的东西起见，他使用了各种不同的方法。

他如此写道：“逢到我访问都市、乡镇时，我都会先拜见邮局的局长、理发店的老板、饭店的经理、学校的校长，以及各行各业的技师，然后再进入附近的商店里，一面跟人们交谈，一面观察这些人的身份，以及他们可能拥有的未来，再针对这个地方的问题，举行演讲。”

坎威尔博士知道，意见是否能传达成功，就必须依靠谈话时，是否能够把听者当成话题的一部分。号称最受欢迎的演讲《钻石的土地》，所以没有正本的演讲稿留下，原因就在此。坎威尔博士对于相同主题，面对着不同的听众演讲了6000次，他凭着对人类特质的洞察力，再加上劳心劳力，所以不曾有过完全相同的演讲。

你不妨向这位博士看齐，对着不同的听众展开不同的演讲吧！除此以外还有几个法则，可以使你跟听者之间建立起感情，兹列举如下——

1. 把听众关心的话题加进去

地方性的话题

坎威尔博士在演讲时，一定会加入该地方独特的东西，这样大家就会倾听坎威尔博士的演讲，因为那些乃是听者自己的事情，又跟他们的利害问题息息相关，如此一来，意思传达就能够获得成功。

美国商业工会的前处长，如今是电影协会会长的易利克·强斯顿在演说时，就几乎每次都能善用这种伎俩。

以下，就是坎威尔博士在俄克拉何马大学毕业典礼的致词——

俄克拉何马这片土地，对旅行商人来说，等于是鬼门关，人们把俄克拉何马看成危险而永远没有希望的危险地域，不敢到此地旅行……这并不是很久以前的事。

实际上，在20世纪30年代曾经到俄克拉何马的乌鸦，就对着将到俄克拉何马旅行的乌鸦说："除非你准备了充分的粮食，否则的话，还是不要到那儿为妙。"

那些乌鸦认为俄克拉何马只是美国新的沙漠地带而已，根本就不可能开出任何的花朵，想不到进入40年代，俄克拉何马却变成绿地，甚至被编成一出音乐剧在百老汇上演而轰动一时。俄克拉何马也再度出现"雨停下来以后，微风一吹，麦田就会发散醇香，形成一阵激荡的波涛"的情景。

仅仅在10年之内，这个黄金地带就被玉米所淹没。这是对信念的报酬，也是预先估计过的冒险代价。跟过去的荒芜对照，再看看现在，才是综观事物的方式。因此我在访问这一片土地以前，为了有所准备，便参阅了1901年春季的《俄克拉何马日报》，如此一来，我方能够感受到此地50年前的生活方式。

结果，你认为我看了什么呢？我看到的是该地居民对俄克拉何马未来的期待。

人们最关心的乃是他自己

这是坎威尔使用听众不得不关心的话题，从听众身边引出例子而获得成功的一例。不过他所说的话，并非单纯地誊写拷贝，而是为听众特别重新制作的。所以，只要谈论听众本身的事情，听者就不会离开谈话者。

你不妨自问，你将提供给听者的知识，能帮助他们解决问题到何种程度？然后再提供他们这种知识，如此的话，你就能够引起听众的关心。

如果你是会计师的话，不妨以下面的话做为开场白——

“我来告诉大家一个报税时可以节约50元到100美元的方法。”

如果你是律师的话，你就告诉听众如何书写遗书吧！只要能做到这种地步，听众一定会对你的演讲感到兴趣。

英国新闻界名人诺斯克利夫，当他被询问什么事情最能吸引听众时，他答以：“听众本身的事情。”诺斯克利夫就是凭这个单纯的真理，建筑了他的新闻王国。

罗宾逊在其著作《精神的形成》中，把幻想定义为“自发性配合自己兴趣的思考法”，他说：“在不着边际的梦想之中，我们放任自己的观念到处遨游，其放任的程度，将由我们自发欲望的达成度以及挫折感决定，亦可以凭我们的好恶、爱情，以及愤怒等改变路线。反正对任何人来说，他自己本身的事情最能让他感兴趣。”

费城的哈鲁德·度瓦特在我们讲座的结业晚餐会上，轮流询问围绕着桌子的每一个人，他们在讲座上第一次说话的情形如何？如今又有了多少进步？然后，他一面想起大家所讨论的话题，学习其中几个人谈话的特征，并且以夸张的方式表现出来，使大家笑得前仆后仰。

所以，只要善用这一类材料，演讲或谈话时，绝对不会遭遇到失败。

发行册数激增的秘密

几年前，我的论文承蒙《美利坚》杂志的连载，那时我逮住了一个机会，跟“有兴趣之人”版面编辑约翰·修特尔先生交谈了一个下午。

“人类是利己的动物。”修特尔先生说，“他们只对自己的事情感到兴趣，而关于铁路是否应该收回国营，他们几乎一点兴趣也没有。他们急切想知道的事情，莫过于如何才能名利双收？如何才能维护健康？如果我是这本书的总编辑的话，我一定会使用读者最感到兴趣的文稿，例如，牙痛的治疗法、凉爽地度过炎夏的方法、佣人的差遣法、购置房产的诀窍、记忆法、避免文法错误的诀窍等，因为人类对这些跟自己息息相关的话题最感到兴趣。所以，告诉有钱人凭不动产大发财的文章也很理想。同时，我也会请教银行及大公司的董事长，他们如何从一个小职员力争到拥有权力及财富。”

不久以后，修特尔先生被任命为总编辑。在当时，那一本杂志的发行量并不多，但是修特尔依照他的方针进行，结果却教人大感惊讶，发行册数从 20 万册升高到 30 万、40 万……50 万册。因为该杂志所刊登的是人们最感兴趣的事情，所以每周看这本杂志的人数达到 100 万，不久以后又增加到 150 万册，最后终于达到两百万册，为当初发行册数的 10 倍！

下一次，当你跟听众面对面时，只要你说的话跟他们有关，你就可以获得听众的热情。只要你把听众的自我中心主义带进你的话题，他们绝对不会感到厌倦而打哈欠，也不至于频频看手表，或者急切地看着出口处。

2. 展开正直而具有诚意的评价

拍马屁只会带来反效果

所谓的听众乃是由个人所形成，所以当然也会以个人的观感，对你的演说产生反应，如果露骨地贬低他们的话，将招致众怒。所以只要是他们做过的某件事情值得赞扬的话，就赞扬他们吧！如此一来，你就等于获得一张进入他们内心的通行证。

为达到这个目的，演讲者必须对听众的心理多少做点儿研究，因为如果你对他们说："你们是我碰到的听众中，最为聪明的一群。"反而很可能会招致他们的愤怒。

伟大的演说家杰恩·德毕曾经说过："面对听众时，最好说一些听众想象不到的事情。"以下就是一个例子——

最近有一个人在巴尔的摩的 Kiwanis Club（世界性的民间服务团体，1913 年在美国发起）发表演说，他只知道巴尔的摩分部的会员里，有当初国际本部的会长，以及现今担任国际本部的理事外，再也看不出其他特别的地方，而且对该俱乐部的会员来说，那两个人的存在，一点也不让他们感到新鲜。于是，他想借机提醒听众一下。

他说："Kiwanis Club 的巴尔的摩分部，为 101898 个俱乐部中的一个！"听众认为他完全弄错了，因为包括世界各地的分部，Kiwanis Club 的分部只有 2987 个而已，不过演讲者仍然继续说了下去。

“不管大家相信与否，以数目字来说，此俱乐部乃是 101898 个俱乐部的其中之一，不是 10 万里面的一个，更非 20 万里面的一个，而是 101898 个里面的一个。

“你们认为这个数字是从哪儿来的呢？那是因巴尔的摩的 Kiwanis Club 拥有往日的国际本部会长，以及现任国际本部的理事，所以站在数学的观点来说，Kiwanis Club 的分部同时拥有国际本部前会长，以及现任理事长的概率，只有 1/101898。我敢保证这个数字不会错误，因为在事先，我已经拜托一名叫约翰·霍布金的理学博士计算过……”

最重要的是，必须 100% 的认真，因为没有诚意的谈话，对象如果只有一个人的话，或许可以蒙混过去，但是即绝对骗不了广大的听众。

“集合在此受过良好教养的听众们……”“新泽西州荷荷卡斯的淑女们……”“很高兴跟大家见面，因为我对于你们每一个人都有好感……”这些非出自本心，听起来肉麻的阿谀式开场白，最好尽量地避免。

3. 必须使听众与你的共同点明确

使你跟听众的关系明确化

演讲时，最好一开口就能明示你跟听众间的关系。英国前首相麦克米伦在任期内，曾经到印第安纳州绿堡的帝堡大学对毕业生致词，一开始他就以下面的开场白，牢牢地抓住了听众的心——

“我很感谢各位的欢迎，英国的首相从来没有机会被邀请到这个学校，不过我被邀请到贵地，并非以身为首相为唯一的理由或主要原因。”

接着，麦克米伦提起他的母亲是生于印第安纳的美国人，而外祖父又是帝堡大学的第一期毕业生，然后他又说：“我能跟帝堡大学有因缘，又能够在此地更新古老家门的传统，我感到非常骄傲。”

之后，麦克米伦又以他的母亲，以及祖父时代的美国开拓者的生活形态为话题，在听众中结交了很多朋友。

利用听众的名字

达成沟通的另外一种方法，乃是利用听众的名字。在某一次宴会里，我坐在主宾的邻座，这一位主宾对出席的人们感到好奇，在用餐时一直询问司仪那位穿藏青色西服的仁兄是谁？戴着花帽的女士又是谁？一直到他站起来说话时，我才恍然大悟原来他是别有用意。

他在说话时，很巧妙地把记牢的名字派上用场，那些名字被引用的人也都面露喜色。他以这种简单的技巧，使谈话者跟听众之间萌出了友情之芽。

不过，应该注意的是，对于那些你不曾接近的人，你固然可以当场询问别人，但是你必须再三确定那些名字没有错误之后，方才可以派上用场；同时，你也必须理解你要使用那些名字的理由，而且使用听众的名字，必须是出于好意，且不宜太过度。

不要说“他们”而说“你们”

欲紧紧地扣住听众的注意力，在使用代名词的时候，与其用第三人称的“他们”，不如用第二人称“你们”，这样才能使听众始终意识到你的存在。除非你不想引起听众的关心及注意，否则一定要注意这一点。

作为给大家的参考，我就把一个听讲生题目为“硫酸”的演说，介绍给大家——

硫酸以种种的形态出现，跟你们的生活息息相关，如果没有硫酸的话，你的车子就会停下来，因为硫酸很广泛地被使用于精制灯油以及汽油上，所以如果没有硫酸的话，你们的家里以及办公室的电灯将无法点亮。

在要使用洗澡水时，你必须打开活栓，制造活栓时也非得有硫酸不可，即使是你常用的肥皂，也是由硫酸处理过的油脂所制成，甚至毛刷的毛、纤维素制成的梳子，如果没有硫酸的话，可能就无法被制造出来呢！你所使用的剃刀在被炼熟了以后，也必须放在硫酸液里面浸过。

就连你早餐桌上的杯子以及盘子，除开那些纯白色的制品以外，也都经过硫酸的作用；你所使用的汤匙、刀子以及叉子，只要是镀银的，也一定浸过硫酸液。

由此可见，硫酸的用途极为广泛，不管你走到哪儿，都免不了要应用到硫酸。

这位仁兄巧妙地使用“你们”、“你”等代名词，使听众在他所说的话里登场，藉此唤起听众的注意，成功地引发了他们的热情。

没有说教意味的“我们”

不过话又说回来了！“你”固然可以在演说者跟听众之间搭建桥梁，但在某种情形之下，反而会加深两者之间的鸿沟，尤其是在授课，或者居于高位而向听众说话时，最容易发生这种现象。这时，还是用“我们”或者“咱们”比较妥当。

美国医学协会保健教育部长鲍尔博士，每逢在电视或者广播上发表谈话时，都会利用这种技巧。例如——

“我们都很想知道如何选择良好的医生，但是如果我们想受到医生最完善的治疗，我们就必须先做一个合作的好病患。”

4. 把听众当成说话的伙伴

让听众也扮演一个角色

你有没有想过，只要稍微利用舞台演出的技巧，就能使听众被你的一言一语所吸引住呢？

强调某一个要点，或者为了把某种想法以戏剧性的方式表现出来，你不妨从听众里面选择一个助手，如此就不难提高听众的注意力了。

意识到自己是听者，而且又看到群体的一员将在演讲者的安排下演出一个“角色”时，将会绷紧神经，因为他们很想知道此后会发生什么状况。

一旦发觉演讲者跟听众之间有一道墙壁时，不妨让听众也担任一个“角色”，如此就不难打掉那一道墙壁。

例如，有一位演讲者想说明踩住刹车到车子停下来为止，汽车必须滑行过多少距离，便请一名靠近讲台的听众帮他说明汽车的速度对刹车距离的影响。这一名被指定帮忙的听众，手拿着钢制卷尺，走了四五英尺后，随着演讲者的叫停声停止前进。看到这种情形，听众一定会被他的演说所吸引，再加上利用那个卷尺表示谈话者的论点，更不难把谈话者跟听众连结在一起。如果没有这种类似“舞台的演说”，听众或许就会心不在焉呢！

质问听众

为了让听众轧上一角，我喜欢请听众回答我的问题，或重复我所说的重点，或者由他们来问我问题，再由我回答他们。《幽默文章的书写法以及说话方式》的作者巴希·怀特，很重视听众参与的这种做法，因此他时常鼓励听众针对某件事，投票或者问他问题。

巴希·怀特又说：“演讲者必须建立正确的想法，因为所谓的演讲与背诵不同，它的意图是引起听众的反应。演讲者必须了解，听众乃是演讲事业的伙伴。”

把听众看成共同事业的伙伴表现，我非常赞同，而这一点也就是理解这一章的关键。因为所谓给听众一个角色，乃是意味着给听众一个共同经营权。

5. 切勿抬高自己

采取谦逊的态度

为使演说者与听众打成一片，“诚意”是不可或缺的因素。对于无法跟信徒打成一片的牧师，诺曼·比鲁问这位牧师：“当你面对信徒说教时，到底是抱着什么样的感情？是否对他们怀着好意，一心一意想协助他们？或者把他们看成比你逊色（知识方面）的人物呢？”对于这个问题，该牧师一时无法回答。

比鲁博士说，他一旦站在讲台上面，总认为自己是跟台下的每一位听众面对面而谈。通常听众对于学识较高，或者社会地位较高的演说者，都会很敏感。所以为了成为听众爱戴的演说者，最妥善的方法莫过于对他们采取谦逊的态度。

缅因州选出的上院议员爱德门·亚斯基，在波士顿美国司法协会演说时，就是采取上述的方式。其内容如下——

今晨，在下被赋予跟大家谈话的任务，感到惶恐万分。

第一，我知道大家都拥有各种专门资格，所以在人才辈出的大家面前，暴露我贫弱的才能，实在不是贤明之策。第二，因为这是早餐会，又无法建立自我防卫的形态，所以稍一不慎，很可能就是致命伤。第三，我对今天的话题感到迷惑，我将讨论的主题是我身为公仆之后的所作所为，到底产生了什么影响？而我既然是个从事政治活动的人，必然会与选民的意见，有很大的不同。正因为面对这些疑惑，所以我仿佛迷途而飞进裸体营的蚊子一般，不知道应该说些什么才好……

亚斯基议员说了这段开场白后，做了一场无懈可击的演说。

马多烈·史蒂文逊在密歇根大学开学典礼的演说，同样也采取谦逊而自贬的说法，内容如下——

我最不擅长在这种场合说话，因此每次逢到这种场合，我就会想起沙谬尔·巴多勒说过的一句话，他曾经被指定以“最完善地活用人生”为题举行演讲，我记得当时巴多勒是这么说的：“不要说人生，就是连如何最完善地活用 15 分钟，我都不知道呢！”我也一样，如果有人问我如何有效地活用这以后的 20 分钟，我也会感到头大呢……

活用人格的弱点

如果在听众面前夸示优越的话，一定会招致他们的反感。只要稍微疏忽的话，人格特征往往就会鲜活地暴露出来。尤其是高傲，更是一大“致命伤”，所以最好是对听众表示自己是一个不完美的人，不过你会尽最大的努力。如此一来，听众就会对你萌生好感，同时也会尊敬你。

美国的电视界竞争非常激烈，而在激烈的争斗及淘汰后，《劫后余生》的老演员之中，爱德·沙利潘就是其中一个。他的本职并非电视演员，而是新闻记者，在如此竞争激烈的环境里，他之所以仍然健在，乃是他一向不假装内行的缘故。

他面对摄影机时，显露出的种种习惯，如果是发生于魅力不大的人身上，也许会造成很大的障碍。他习惯用手抚摸下巴，耸耸肩膀，甚至拉拉领带。不过，这些缺点并不至于成为他的致命伤，即使沙利潘听到别人批评他的这些缺点，他也不会愤怒。

不仅如此，每一季至少有一次他总会请一位能夸张他的缺点，并把那缺点完全戏剧化的演员，跟他一起出场，逗逗观众，并且欢迎现场批评，而观众正是喜爱他这一点。观众以及听众都喜欢谦逊，对于喜欢出风头，以及自我主义过重者，观众及听众都不欢迎。

汤马斯夫妇在他俩合著的《宗教指导者活生生的传记》里面，如此描写孔夫子——“孔夫子并不以渊博的学识蛊惑世人，他只不过是以包容一切的博爱，谆谆地教化人们罢了。”

如果我们能够把这种包容一切的博爱拥为己有的话，我们就能获得一把打开听众心门的钥匙。

第三部

说话的 4 种目的

第七章　激励听者行动的简短演说

没有把目的弄清楚的主教

一位著名的英国主教，在第一次世界大战中，曾经在军营里对士兵们演说。士兵们正在前往前线的途中，不过只有极少数的士兵明了他们为何会被送往战场。

一位主教一直在谈论“国际亲善”以及“塞尔维亚拥有自决的权力”，可是约有一半以上的士兵，根本就不知道所谓的“塞尔维亚”到底是城市的名称？或者是疾病的名称？使得士兵们都感到索然无味。情形尽管如此，主教在演讲时并没有一个士兵走出讲堂。这也难怪，因为要防备士兵们逃跑，所以出口处都有宪兵在把守。

我并没有贬低那位主教的意思。他是个地位很崇高的学者，如果是在圣职者的集会上发表演讲的话，可能会发挥很大的影响力，不过面对士兵演讲时却是一败涂地，原因在于他并没有弄懂自己演讲的真正目的，以及如何达成这个目的。

说话的 4 个目的

我们所讲的话，不管我们是否意识到，一定具有如下 4 个项目中的一种目的——

（1）激励听者展开行动的简短说话。

（2）提供情报以及知识的话。

（3）抓紧听者内心的话。

（4）能当场使听者眉开眼笑的话。

我们就基于以上 4 点，一面循着林肯总统说话的方式，一面展开说明。

19 世纪中叶，林肯发明了一种装置，这种装置能够把触礁的船举起来，他也因此取得了专利权。不过，知道这件事情的人并不多。林肯是在他自己的法律事务所附近的机械工厂制造那种装置的模型，每逢朋友到他的事务所观看那个模型时，他都会不厌其烦地展开说明。这种说明的第一个目的，也就是提供知识及情报。

林肯在盖茨堡的不朽演说，以及前后两次的总统就职演说，甚至在亨利·克雷葬礼上的追悼致词，都达到其主要的目的——引起大众感铭之心，并且藉此得到听众的心。

林肯担任律师的时期，他跟陪审团谈话的目的，无非是要获得有利的判决。至于所谓的政治演说，其目的则是获得选票，也就是说服听众，怂恿他们展开行动。

在被选为大总统的两年前，林肯以发明为主题到处演讲。

他的目的，无非是要让听众快乐，即使结果不是他预料中的好成绩，或是甚至连一个听者也没有。

不过，林肯其他的演讲都非常成功，并且引人注目。其中的几个，甚至成为令人感动至今的演说。这是为什么呢？因为在展开那些演讲时，林肯知道自己的目的，同时也晓得达成目的之方法。

被喝倒彩的国会议员

在这个世界里，有不少人正因为不能视场合而调整自己的目的，以致惨败连连。

现在，我就要举出一个例子。某一个国会议员在纽约遭受到冷嘲热讽，观众不停地喝倒彩，以致不得不草草下台，原因是他选择了教训人的题材演讲。或许，他是在无意识之下才如此做的，但是太划不来了，因为听众不喜欢被教训，他们只喜欢听一些轻松惹笑的演讲。

如果只是10-15分钟的话，听众或许还能够忍耐，但是他一直又臭又长地讲不完，所以听众在忍无可忍之余，开始吹口哨，喝倒彩，而且这位议员又很迟钝，似乎没有察觉到听众的不悦，仍然继续说下去，才会使得听众更为不满。这仿佛是一场战争，为了叫他下台，听众的嘘声甚至变成怒骂，连20英尺以内的人也听不到他的声音。最后他只好承认败北，匆匆地鞠躬下台。

使目标配合集会

我们就再引用前例吧！其实，演讲的目标必须配合集会与听众的性质才行。如果这一位议员在事前就检讨教育听众的目的，是否适合于政党大会的听众，很可能就不至于陷入那种窘境。

必须在仔细分析听众与集会的性质之后，方能够从4个目的中选择一个。

这一章所谓的重点在于叙述能够激励听众行动的简短话语。其余的3章，将分别叙述另外3个目的，也就是——提供情报与知识，使听众感铭，以及使听众快乐、眉开眼笑3个目的。

以上各个目的都有不同的处置法，以及非突破不可的障碍。一开始，我们就来谈谈在使用激励听众行动的谈话时，应该注意哪些重点。

只能碰运气吗

对于我们希望听众做的事情，是否能够预先整理材料，再把它传达给听众，以便他们采取实际行动呢？或者，只须听其自然，碰碰运气呢？

20世纪30年代，当我的讲座逐渐遍及全国时，我曾经跟助手们谈论到这个问题。当时，因为每一班的人数都很多，只好把听讲者的演说限制为每人两分钟。在这种限制之下，很不容易判断演讲者的话是否足以欢娱大众？不过，以激励听众实际行动的谈话方式来说，则又另当别论了。

想要激励听众实际行动的时候，如果采取古老的方式，也就是亚里士多德以来，演说家所承袭的，包括导入、本论、结论等顺序的构成法的话，根本就无法达到理想的效果。换句话说，必须在两分钟内以简短的话语，就能够使听众采取行动。

为此，我们在芝加哥、洛杉矶、纽约等地召开集会，我通知每一位讲师都要出席。其中有大学教授、公司的重要人员，也有前途看好的宣传、广告人员。我希望能够透过这一个智囊团，发现谈话的新构成法。

魔术公式

我们的期待并没有落空，经过我们详论以后，产生了有关谈话构成法的“魔术公式”，我们的讲座立刻采用它，一直到今日仍然在使用。那么“魔术公式”又是何物呢？其实，那是很简单的一件事——

（1）在一开始演讲就举出具体的实例，明显地表达出你要传达给听众的想法。

（2）使用明确的字眼叙述要点，正确地说出你希望听众如何行动。

（3）说出你要听众如此做的理由。再强调依照你的方法行动将能够得到何种利益。

这种方式很适合讲究速度的现代。谈话者不必再耗费时间叙述前言，同时听众也都是大忙人，希望演讲者“单刀直入”。人们已经习惯“开门见山”的谈话方式，喜欢业已过滤的浓缩式谈话以及文章。所有的这些，都很接近电视、杂志以及报纸上面的广告文句，一句一字已经被推敲过，绝对没有多浪费一言一语。

只要你能驱使“魔术公式”，就一定能够引起听众的注意，使他们牢牢记住你谈论的要点。

“没有时间，所以没能充分地准备。”“议长指定我谈这个问题，使我感到非常惶恐。”千万别以这一类话开始你的演讲。不管是谢罪或者是辩词，听众都不感兴趣，他们只希望行动，所以如果你使用“魔术公式”的话，一开口就能够打动听众的心弦。

使听众感到紧张

对于短时间的演说，采用这种方式最为理想，因为此种方式是以某种程度的紧张为基准。通常听众虽然会被你的话题吸引，但是到了演讲快要结束的两三分钟以前，听众仍然不知道你谈论的要点在哪儿？所以当你对听众有某种要求时，最好使他们感到紧张，这乃是成功的必要条件。

“各位，我今天来此地，乃是要你们每一个人捐出5美元。”如果你以这种方式开头，就算是为了价值再大的目的，听众也不会愿意掏出钱包，甚至还会一窝蜂似的挤到出口处。

如果演讲者访问过医院，把在那儿目睹到的悲惨事实说出来，例如，一个罹患重病的穷人必须到大都市的医院开刀，但是经济上不允许他如此做，以致一直受着疾病的折磨……再要求听众捐款的话，受到听众支持的比率将会无形中提高。所以，为了使听众依据你的希望行动，必须举出实例才行。

李兰德·斯多为了使听众支持“联合国为孩童细诉”的主题，他应用了什么实例呢？且让我们来瞧瞧——

我希望在这一生里，不会再遇到那种事情。眼看着孩子在死亡边缘挣扎，我竟然无法给他一粒花生米，世界上还有比这更悲惨的事情吗？我也由衷希望大家不会碰到那种悲惨的事情，以免毕生都有抹不掉的记忆……

在那个一月的某一天，雅典的劳工住宅区域，到处都残留着轰炸的痕迹。如果你们听到他们的声音，看到他们痛苦的模样……唉！天哪……偏偏那时的我，身边只有一个半磅装的花生米罐头。我试着尽快打开罐头时，身上穿着破烂衣服的几十个孩子，有如虎头钳似的扑到我身上不放。也有很多抱着婴儿的母亲推开人群，把手中的婴儿推向我；只有皮包骨的小手，颤抖着伸向我，我只能在浩叹之下，把一粒一粒的花生，尽量分配给更多的孩子。孩子们在狂乱之余，好几次抓痛了我的手。我的四周有好多的手，有乞求的手、抓着我的手，也有绝望的手……那些手都是痛彻人心的枯干瘦小。我给这一只手一粒花生米，给那一只手一粒花生米……突然有6粒花生米从我的手中掉下去，说时迟那时快，有好几个瘦小的身体，立刻重迭在那儿。我又一粒一粒地分配花生米，仍旧有好多的手伸向我……乞求的好几百只手……颤抖的手……希望的光芒就要熄灭的眼睛……我的手拿着空罐子，茫然地站在那儿……我由衷希望大家不会碰到那种事情……

应用心理学的道具

这种“魔术公式”也可以利用于书写商业文章，逢到指示个人或者部下时，亦可使用它。身为人母者，若有意叫子女做某些事情，或是子女向父母撒娇，想要索取某种东西时，照样可以利用它。由此，你就不难明白，凡是在日常生活里，你想要其他人“听你话”时，你都可以把这种应用心理学的道具派上用场。

在广告上，这种“魔术公式”时常被派上用场。EVER READY电池制造公司，最近就应用这种方式，制作了一连串的电视及广播用的商业广告。播音员举出了一个男子夜归汽车翻覆时，电池被善加利用在车子里面的实例。他以栩栩如生的语调叙述了这个事故之后，又访问了那一位被害者。被害者细诉幸亏他使用了照相机的闪光灯（利用EVER READY电池为电源），方才被路人发现，而幸免于难。

至此播音员方才说出“要点”与“理由”——“请大家多多使用EVER READY牌的电池，就能够平安地渡过灾难。”据说这个真实的故事，乃是从该电池公司搜集的很多真实事故中挑选出来的。

我并不知道经过那一连串的宣传以后，该品牌的电池卖出了多少，我只知道利用这种“魔术公式”向听众提示事情时非常有效。

以下，我们就一步一步地来讨论这个问题吧！

1. 以直接经验过的事情为实例

在占据你谈话时间大半的部分里，你不妨叙述带给你教训的经验。心理学者说，我们学习的方式有两种，一种是所谓“反复的法则”——一连串类似事件的连续，能够使我们的行动形式发生变化。另外一种则是“效果的法则”——就算是单一事件的印象，如果够深刻的话，亦能使我们的行动产生变化。相信每一个人都体会过这些异常的经验，因为这些经验留置于记忆的表层附近，就算不怎么用劲，也可以想出来。

我们的行动大幅度地被这类经验所左右，只要把这一类的事件“再现”，即可当成影响他人行动的基础。

为何会如此呢？因为人类即使接收到的是语言的作用，亦会显示对实际发生的事情一般的反应。正因为如此，你必须在实例的部分，把你获得的效果传导给听众，使你自己的经验再生。为此，你必须把自己的“实例”阶段，尽量地使其鲜明、强烈而意味深长，以便感动听众，使他们感到莫大的兴趣。以下，就是几个例子。

（1）把实例基础的经验限制为一个

只要你所描述的实例，是属于你的人生里，唯一给你最激烈冲击的事情，那么它就能够紧紧地扣住听众的心弦。或许那一件事发生的经过仅有数秒钟，但是在这极短的时间内，你一定学到了永难忘怀的教训。

在不久以前，我们讲座的一名学生道出了他企图从翻覆的小船游到岸上的恐怖经验。正因为听到了这位学生的忠告，听他演讲的人都学会了一件事情，那就是碰到相同的灾难时，绝对不要离开翻覆的小船，一直到获救为止。

听了这位学生所叙述的遭遇，我突然想起了一个翻覆的割草机伤害到孩子的惨事。因为这件事深深地烙在我的心坎里，一辈子也忘怀不了，所以从此以后，每当看到孩子在割草机附近玩要时，我都会严密地看顾他们。

我们的很多讲师也在他们担任的班级里，听到了可怕的事情。为了防止同类的事情在他们家里发生，他们也都采取了防范的措施。例如，一位听到炊事中发生火警的讲师，便开始在厨房中准备灭火器。

另外一名讲师在所有装剧毒药的瓶子上贴了警告语，并放置于孩童拿不到的地方，因为他班上的一名学生说过一个很骇人的事实，那就是有一位母亲遍找她的小孩而不得，待她费了九牛二虎之力在浴室里找到孩子时，他已经倒下去了，他的手上仍然紧紧地抓着一瓶剧毒药。看到这种情形，她几乎疯狂了……

使你难以忘怀的教训，只要你当众说出来，它就会变成一股很大的说服力，能促使听众把它付诸行动。既然是发生在你身上的事情，必定也会发生于他人的身上，所以听众们也会遵从你的忠告。

（2）以具体性的描写作开场白

使用“实例”开始演说的理由之一，乃是为了立刻抓住听众的注意力。有一些演讲者一开始就不能引起听众的注意，是因为他一开始所说的话，不是反复的文句，就是老套的辞令，或者片段性的辩解之故，例如，一开始就说：“我不习惯在大众面前说话……”等等，这是会让人感到厌烦的，纵然不到使听众厌烦的地步，但是它吸引听众的力量也是很薄弱的。

如果你有意利用简短的演说，藉此促使听众行动的话，那么就不宜对听众说你在选择谈话的主题时碰到困难，或者准备不够充分（即使你不说，不久以后听众也会发现）。更不宜有如布道的牧师一般，把听众当成训话的对象。

你不妨从一流杂志或者报纸执笔者那儿，取得一些启示，以实例开始演说，如此一来你就不难牢牢地抓住听众。

以下我就举出几则有如磁石般扣住我心弦的开场白——

“那是1942年的事情，睁开眼睛时，我发觉自己正躺在医院的病床上……”

“昨天吃早餐时，我的妻子把我的咖啡打翻了……”

“去年的7月，我以飞箭似的速度，在42号公路上开车……”

“办公室的门被打开了，上司查理·潘斯冲了进来……”

“我在湖心垂钓。当我抬起头来看看时，突然发现有艘汽艇正朝我冲了过来……”

如果你能够以“谁”、“何时”、“何处”、“何故”、“如何”5

个问题中的一句回答作为开场白的话，那么你就是在利用最古老的意思来传达手段，也就是说故事的手法了。

“古时候……”的开场白，乃是打开孩童想象力的咒文，只要你能依照这种方式唤起听众关心的话，你就能够以最初的几句话，牢牢地抓住听众的心。

（3）把适切的细部描写加入实例里

所谓的细部描写，其本身并没有什么乐趣可言。就像塞满家具以及器物的房间一般，根本就没有什么魅力可言，也像描绘没有必要的细部的图画，看起来更让人不舒服。同样的道理，演说及会话里，若包含太多的细部描写——不重要的细部，只会让听者感到厌烦。其实，只要选择能够强调谈话要点以及理由的细部描写就行了。

如果你想提醒听众长期旅行以前必须仔细检查车辆的话，那么你所做的细部描写，必须跟你忽略检查车辆以致发生事故的经过有关联才行，而不宜大谈风景有多美，到达目的地后你又做了一些什么……否则，将会掩盖重要之点，使听众的注意力分散。

然而，具体地使用生动语言所表现的细部描写，都反而能够使你的遭遇再现，让听众感觉仿佛是在他们眼前发生似的。不过话又说回来了，如果是因为疏忽而发生事故的话，那就未免太唐突了一些，如果想藉此警告听众开车时应该多加注意的话，效果将微乎其微。

如果你能使用诉诸感情的字眼，描写你认为是恐怖的经验的话，那么这件事情将有如铜板画一般，牢牢地烙印在听众的意识里。

以下就要介绍一个例子。这是一位学生的演讲，他的主题是“冬天在道路上开车，必须格外小心”，他以发生在自己身上的实例，生动地把当时的情形描写出来——

1949年圣诞节即将来临的早晨，我在印第安纳州41号公路上朝北开着车。车上坐着我的妻子，以及两个孩子。那时，我已经在平滑如镜的冰上有如爬行一般，开了几个小时的车。我只要微微地碰触到方向盘，我那一部福特车子就会向侧面滑去。因为冰面难行，路上的车辆都慢吞吞地开着，没有一部车想越过前车。由于车行速度很慢，我觉得简直是度日如年。

突然间，我们进入了冰雪已融化的宽广道路。我为了争回浪费掉的时间，猛踩油门。其他的驾驶者亦复如此，大家都想抢先一步到芝加哥。危险的紧张感业已消除，两个孩子在后座开始唱歌。

道路突然变成上坡路，进入了森林地带。爬到最高处时，车子仍然在快速前进，待我看清楚前方是下坡路时已经太迟了，北侧的下坡路因为阳光还照射不到，道路上面仍然结着冰。我前面的两部车子有如发狂一般向前飞驰，接看我的车子也失控，虽然没有翻覆，但是也冲进了雪堆里面。后面的一部车也滚了下来，撞到我车子的侧面，震破了我的车窗，玻璃碎片洒向我们……

这个实例由于加入了很多的细部描写，所以听众仿佛就在现场似的，脸上的表情也随着演讲者的描写而不时地变化。想达到这种效果的唯一方法，乃是把具体性的细部丰富地添加进去。你可以利用“言语描绘图画”的方式，刺激听众视觉方面的想象力。

（4）一面谈过去的经验，一面再度体验它

加上活生生的细部描写，可以使谈话者再度体验自己正在叙述的经验。到此，所谓的谈话一事，方才能接近具有姊妹关系的行动。凡是伟大的谈话者都具有一种演员的特质，然而这并非特别的才能，也不是雄辩家才具有的特色。大致上说来，孩童都具有这方面丰富的才能。

我们身边就有不少人善于模仿别人的表情以及动作，而这些都是使事物戏剧化的贵重才能。我们几乎每一个人都或多或少具有这方面的才能，只要稍微努力，即可发挥这种才能。

在你的经验谈加入越多的动作以及表情，越能够给听众强烈的印象。不管加入再多的细部描写，如果谈话者不热心地把经验重现的话，他所说出来的经验就不会动人了。想说出火灾情形的话，不妨在提起消防人员救火时，顺便说出旁观者惊慌之语；如果你要谈及跟邻居吵架的事情，那你就在内心再体验一下，再把它戏剧化吧！如果你有意谈谈溺水时，那你就让听者也能体会到那种恐惧的绝望感吧！

举出实例的另外一个目的，不外是想使你说的话让人难以忘怀。只要那个实例牢牢地打进听众的心坎，他们就不会忘记你所说的话，以及你所忠告的事情。

人们所以会时常想起华盛顿总统的正直，乃是维伊姆的伟人传中，把华盛顿幼时砍樱桃树的事件描写得很深刻，给人留下强烈的印象；《圣经》所记载的种种能够成为伦理模范的行为，是因为那些实例都足以打动人心，例如“善良的沙马利亚人”，就是一个好例子。

把经验谈当成实例引用不仅能够省去“记牢”的麻烦，更能够使你的谈话富于说服力，同时也能使听众感到趣味盎然，更能够使他们容易理解。由你的人生教训构成的经验谈，一定能够使听众感到新鲜。到了这儿，你已经来到了“魔术公式”第二阶段的关卡了。

2.“要点”说出你希望听众做的事情

说出“实例”的阶段，大约已经耗掉了3/4以上激励听众行动的时间。假设你演说的时间为两分钟，那么说完实例时，所剩余的时间只有大约20秒钟。在这一段时间内，你必须说出对听众的要求，以及如此做了以后能够获得的利益。到了这个节骨眼上，不必详细的叙述，只要率直地说出你的主张就行了。

这种做法跟报纸的报道刚好相反。报纸的消息报道都是先写出大标题，再做细节报道，而演讲则是先说出“故事”再提出“要点”，怂恿听众采取行动。这个阶段，是由以下3个法则所支配的——

（1）具体而简短地叙述要点

告诉听众你希望他们做一些什么事情时，必须是严密而正确的叙述，因为听众只会做他们容易理解的事情。当听众既然有心依照你的实例行动时，那么你就得简单扼要地把你的意思表达出来。

此时，你不宜太直截了当地说："请大家帮助孤儿院里穷苦的孩子。"最好说："我们在这个星期天上午，计划带 25 个孩子去野餐，请大家在参加的名单上面签名。"也就是不要说出含糊的精神层次行动，必须要求眼睛所能看到的明显行动。

例如，"有时，大家也该想念一下祖父母"的说法，就实在是过于概念性，应该说："请大家在这个星期天专程去拜访祖父母。"同理"大家来爱我们的国家"也可改为"下个礼拜二请大家一定去投票。"

（2）使听众容易展开行动

不管是哪一种问题，演说者的义务不外是把问题的要点以及要求听者的行动，简单扼要地表现出来，以便听众容易理解，以及容易展开行动。为了达到这个目的，最妥善的方法乃是把你的要求具体地说出来。

如果你要听众增强对人名的记忆力，就不宜说："好吧！现在我们就来增加对人名的记忆力。"而应该说："下次你碰到一个新朋友时，不妨在 5 分钟内重复念他的名字 5 次。"

具体地提示要点的演讲者，比起依靠一般理论的演说者来，更容易使听众感动。“请你在室内桌上的探病卡片上面签名。”这种说法，比起漠然地对朋友说“写一封信去安慰住院的某某人”更有效果。

到底以肯定的方式叙述要点好呢？或者以否定的方式叙述要点比较妥当？关于这一点，必须站在听众的立场决定。

否定的叙述方式，并不一定会削弱效果。有时，把必须避免的态度巧妙地大略说明，反而比肯定的叙述法更具有说服力。例如，“不要做一个偷灯泡的人”（当办公室或者家里的灯泡坏掉时，默然地取下别处的灯泡，跟坏掉的灯泡交换）这一句话，乃是几年前销售电灯泡的广告文句，就曾经带来了很大的效果。

（3）信心十足地说出要点

所谓的“要点”者，乃是演讲的最终目的，因此非得信心十足地说出来不可。恰有如报纸的标题使用醒目的字体表现一般，对于听众的行动要求，也必须以活泼的语调，率直地强调出来。对于你真挚的陈述，听众一定会感动，所以绝对不能畏缩怯场。在“魔术公式”的第三阶段，这种毅然的说服力是必要的。

3. 提示听众所期待的理由及利益

到了“理由”的阶段，简洁扼要仍然很必要。你必须明确地说明只要听众实行你在“要点”阶段所要求的东西，就可以期待何种报酬以及利益。

（1）理由必须配合实例

关于在公众演说时的听众诱导方面，前面已经提过许多。演说的主题越具有扩张性，对说服听众行动的演讲者越有利益。本章的主题是“激励听者行动的简短话语”，所以到了“理由”的阶段，就必须以一两段简短的谈话，把那种行动所能获得之有利点一再地强调。这时，最重要的是要把实例阶段所示的有利点合而为一。

例如，以购买中古车能够节省金钱的经验，而劝导听众购买中古车的时候，在谈及“理由”的阶段时，就要强调购买中古车能够获得的经济利益。至于具体的理由方面，最好以中古车里面有一些车子的外观比最新型的车种还好等说法较佳，不能离开一开始所说的实例。

（2）只强调一个理由

一般的推销员对于为何必须购买某一种商品，往往可以举出五六个理由。同样，为了强调你说的“要点”，你也可以举出很多理由，而且所有理由都跟你所举出的实例有关系。不过，最好只举出一个很明显的理由，再把所有的好处归在这个“理由”里面，因为结束语非得有如杂志的广告文案，既简短又明快不可。

只要多加研究费尽心思的广告文案，你就不难使说话的“要点”与“理由”更为精练。尤其是那些发行量很多的杂志所刊登的商品广告，就极少举出两个以上非买不可的理由。同一家公司对于某种制品，为了向大众诉说购买制品的有利点，会同时使用电视以及报纸等传播媒体，然而不管是听觉或者是视觉性的广告，在同一个广告里，绝对不使用不同的诉求方式。

只要你研究一下杂志以及电视的广告，再分析其内容的话，就可以惊讶地发现，厂商为了说服消费者购买他们的产品，一直是使用“魔术公式”。同时，你也会察觉到，它也是把广告及商品包扎起来的漂亮缎带。

关于举出实例方面，还有很多别的方法，例如，使用展示品实际操作、引用权威者的谈话，或者利用比较、统计的方式。关于这方面，我将在《有计划的演说》中详细说明，本章只道及个人经验以及实例的公式。

简短扼要的谈话方式，最能引起人们的兴趣，而且也容易懂，因为那是富于戏剧性及说服力的方法。

第八章　提供知识与情报的说话方式

不知所措

往日，曾经有一位美国政府的高官，谈话时好像没有主题，含含混混，笼统而不明确。在没有人知道他到底要说什么时，他仍然我行我素，一直谈论个没完，使得上院调查委员会的人们坐立不安……或许你也碰到过这一类人吧？

亚宾议员在听那一位高官谈话时，突然想到了一个居住于卡罗莱纳州的男子。这个男子有一天到律师家里，提出他要跟妻子离婚的事情。其实，这位妻子长相很美，非常善于烹饪，可说是模范妻子。关于这一点，那一个男子也承认。

“你为何要跟那么好的妻子离婚呢？”律师问他。

“因为，她一旦说起话来，就不知道停止。”那个男子回答。

“她到底说了些什么呢？”

“问题就在这里。”那个男子回答，“我一直弄不清楚她在说些什么话！”

这种现象不仅让配偶感到头痛，就是听众碰到这种演说者，也会感到头大，因为听众无法理解他所说的话，而他也不想把自己要说的话明确化。

在本书第七章中，大家都学到了利用简短的话，诱发听众行动的公式。以下，我就要告诉你想要告诉听众某些事情时，如何把你想说的话，明确地传达给对方。

明确的表达能力为现代人必备的条件。我们每天都不断地在传达知识以及情报，例如，指示、说明、报告等都是。而在演讲当中，则是以通知、教导为目的者占大多数，仅次于说服。尤其是激励行动之类的话，在频度中更是占了第二位。可见，明了清晰的说话能力，能够使听众感动，而引起他们行动的欲望。

美国首席产业经营者欧茵·杨，对于明确表达的必要性，作了如此强调——

每一个人越能培养被他人理解的能力，越能够为自己开拓作为一个有用社会人的机会。以现代社会来说，即使是极为简单的事情，还是需要彼此的协力，至于人与人之间彼此的理解，更是一件非常必要的事情。言语是理解的主要传达工具，所以我们绝对不能含混笼统地使用它，必须学会明确地使用它。

在这一章，为了使听众很容易理解你的谈话，将介绍几则明确地使用语言的秘诀。

1. 配合时间限定话题

用一天就能让旅客游完巴黎的笨蛋

威廉·詹姆斯教授在以教师为对象的讲课途中，休息了一阵子，然后再叙述……如此为时一个小时的一节课后，也只能使一个论点明显化罢了。但是到了最近，在限定3分钟的演讲课程里，一名学员竟然声称他能在3分钟内就11个要点引起听众的注意。如此说来，各个论点就只能分配到十五六秒钟！想不到一位富有教养的人，竟然说出这种根本就不可能办到的“梦话”，实在让人不敢相信。

当然啦，这是一个比较极端的例子，但是纵然不到这种地步，类似这种过失也几乎荼毒了大部分的初学者。这种作风，就仿佛想在一天里带旅客看完整个巴黎似的，如果要做的话仍然做得来，就像有意在30分钟内绕完美国自然博物馆的话，也仍然绕得完，不过内心里却不可能留下清晰明确的印象。

多数的演讲者所以惨败收场，乃是他们在有限的时间内，想在处理的主题里面创下世界新纪录的缘故。他们有如从一块岩石跃到另外一块岩石的羚羊一般，从一个论点飞跃到另外一个论点。

例如，以劳动工会为主题演说时，就不宜在3分钟或者6分钟之内，谈论如何解决劳资纷争、工会的起源和策略，以及工会的功绩、困境等，因为如此做的话，将没有一个人能理解你所说的事情，结果不但会使听众感到混乱，甚至会产生模糊、肤浅、笼统的概念。

若能从工会众多问题的层面中选择一个为主题，再找出例证来谈论，如此就能够给听众完整的印象。

有一天上午，我去拜会一位熟识的公司负责人，想不到他的门上却写着一个陌生的名字。隔了一会儿，我的旧友，也是那一家公司的人事部长，他告诉我："琼斯现在跟他的名字一样……"

"跟他的名字一样？"我十分不解地反问，"琼斯不是公司所有者琼斯家族中的一员吗？"

"我是指他的绰号。"我的朋友说，"他的绰号是'你在何处'，大家都称呼他'你在何处'琼斯。此人丝毫没有耐心，根本就不想去了解他分内的工作。虽然每天都待在公司里，然而一年到头只懂得在公司里面晃来晃去，好像要打破步行距离的纪录似的。他并不认为公司人员有研究推销术的必要，反而很在意谁在不工作时没有关掉电源、打字小姐把回形针掉在地上等等。因为整天都在公司里打转，不在他的办公室，所以全公司的员工都称他为'你在何处'。如今，他的堂弟接掌了公司，他已经被逐出公司，没有人知道'他在何处'……"

紧紧抓住主题

听到了"你在何处"琼斯的故事以后，我又想起了很多不能充分发挥力量的演说者。这些人因为不能律己，所以不能如愿。这些人都跟琼斯相似，想涉及很广泛的领域，以致当他们在说话时，听众根本就摸不透他们的主题在哪里？

即使是富于经验的演讲者，有时也会犯这种错误，其原因很可能是由于他们过于重视事实，而盲目地分散了注意力。所以为了不重蹈他们的覆辙，你必须紧紧抓住最重要的主题。只要你能够明确地表示自己的主张，就能使听众理解，并且知道“你在何处”？

2. 按照顺序整顿思想

一切的东西都有顺序

几乎所有的主题，都必须基于论理（根据时间、空间以及特殊的话题）的顺序发展。如果以时间为顺序的话，那就可以基于过去、现在、未来 3 个范围考虑主题，也可以从某一天开始，再从这一天向前回溯，以及向后推进。例如，涉及某制造工程话题的话，那就可以从材料的阶段开始，再经过加工之类的工程，一直说到完成品的阶段为止。至于详细的程度，那就要看你有多少时间了。

至于空间关系方面，你可以先安定一个中心点，再以它为基准，展开整理的工作。待从中心点走出以后，你就可以按照东西南北的方向，把话题涵盖起来。譬如描写华盛顿市，便可以把听众引导到国会大厦的屋顶，再对他们说明各方向著名的建筑物以及自然景观。如果是描写汽车或者喷射引擎的话，那就不妨把它们分解，再说明构造部分。

主题里面有些是具有不可移动性的顺序。例如，欲解说北美合众国政府的机构的话，那就受必须依照其固有的组织规范，把立法、行政、司法各机关区别开来讨论，如此才能够给听众清新的印象。

3. 要点附上号码再列举

希望听众对你的话有整体概念的话，最简单的方法莫过于在从最初的要点移到其次的要点时，条理分明地交代清楚。

“第一个要点是……”即使是如此明确地指出顺序也不要紧。待你说完一个要点，移到第二个要点时，最好率直地说出来。一直到最后，都不妨采取这种方式。

拉尔夫·潘吉博士担任联合国事务长的助理时，曾经用以下的方式，在纽约的罗杰斯达俱乐部举行演讲——

“今夜，我要基于两个理由，针对人际关系的课题说一些话。第一……第二……”在演讲中，拉尔夫博士把要点一个接一个地分别说明。

“我们绝对不能失去对人类为善的潜在力量之信赖。”他所举出的这个结论，使听众的内心产生了两个非常具体的印象。

经济学家保尔·道格拉斯在上下两院联合委员会做“讲求振兴商业的手段”演讲时，也使用了相同方法的变形，获得了良好的效果。

当时，美国正陷入商业不振的境地，于是他以税务专家以及伊利诺伊州参办员的资格发表演说——“我的论点如下：想要快速而有效地振兴商业，就必须针对下层及中层，也就是对所有的消费阶层，实施减税政策。”

“尤其是……”他继续说，“而且……再加上……”随后，他又附加了一句：“我有三个主要理由，第一……第二……以及第三……”

最后，他才以一句话作为结论：“总而言之，为了增进购买力起见，我们当前的要务乃是针对下层以及中层的所得阶级，迅速地实施减税政策。”

4. 用大家熟悉的东西做比喻

当你抓不到头绪时

有时，一心想说明自己主张的东西，但都往往抓不到头绪。你虽然懂得自己的主张，但是为了使听众跟你一样明确地理解，你就必须清楚地加以说明才行。那么该怎么做呢？最好的方法是提出听众熟悉的东西，跟你想要说的东西比较一下。你不妨告诉听众：“我想要说的事情，跟大家所熟知的某种东西一样……”如此就可以使听众更容易理解了。

譬如，当你想针对触媒（催化剂）这种对于产业有很大贡献的化学现象发表演说时，你就不妨比喻触媒是一个顽皮的孩子，他不断地殴打别的孩子、惹恼他们、撞击他们、戏弄他们，可是他本人却不曾被打过一次……所谓的触媒就是这样，本身不会变化，但是会使其他物质发生变化。

传教士的翻译

当传教士要把《圣经》译成非洲土著的方言时，曾经碰到很大的困难，因为他们必须把土著完全陌生的东西，翻译成他们容易懂的语言。

这些传教士都很明白，如果依照字面翻译的话，那对土著完全没有意义。例如，“你的罪有如血一般的红，你必须把它弄成雪一般的纯白。”这一句话，能够按照字面翻译吗？恐怕不妥，因为土著无法把丛林里的青苔跟雪区分开来。不过他们时常去摘取椰子，于是传教师利用这个已知的东西比喻未知的东西，而翻译成，“你的罪有如血一般的红，所以你必须把它弄成像椰子肉一般的纯白。”

一直到目前为止，我仍然找不到比这一句更为巧妙的翻译。你以为如何呢？

（1）把事实变成图画

地球到月球有多少距离？到太阳又有多少距离呢？到最近的星球又有多少距离呢？关于这一类的问题，科学家习惯以数字答复，即使是对于宇宙旅行的问题亦复如此。但是，科学解说者以及作者都知道，这并非向听众表明事实的正道，于是他们采取把数字变成图画的方式。

著名科学家杰姆·琼斯，对于人类开发宇宙的热情甚感兴趣。不过，当他道及有关宇宙的一切时，数字的应用是限于极小的范围，因为他很清楚，如此说明才能获得最良好的效果。

杰姆在他的著作《环绕我们的宇宙》中指出，包括地球在内的太阳系行星非常的接近，而环绕宇宙的其他行星到底在多远的地方，我们则无法测知。“即使是最接近的行星（普洛克希马），也距离地球25兆英里！”杰姆如此写道。

为了使这个数字更为显明，他如此说明：“就算以光速从地球出发，仍须费时四年三个月才能抵达普洛克希马行星。”

相比之下，说明阿拉斯加的广大似乎较为简单。一个演讲者曾经形容阿拉斯加广大的幅员共有590804平方英里。

只凭这个数字，能够使人想象到美国第四十九州岛的广大吗？我可无法想象它有多大。一直到有人对我说，阿拉斯加的大小等于宾州、新汉普顿州、缅茵州、新泽西州、得州、马里兰州、西维吉尼亚州、北卡罗莱纳州、南卡罗莱纳州、乔治亚州、佛罗里达州、田纳西州、密西西比州面积的总和时，我方始体会到阿拉斯加的广大。

如此地形容，不是给590804平方英里，带来了更为崭新的意义吗？如此一形容，谁都能够恍然大悟，阿拉斯加的幅员竟是如此广大。

几年以前，我们的一名学生把公路上发生的一场车祸，以及可怕的死亡人数，形容成地狱一般的景象——

现在，你正从纽约横断美国大陆，朝向洛杉矶开着车。你不妨把路旁的交通标志想象成棺材。每一具棺材里，都装着一名去年的车祸牺牲者。你开的车子，每隔5秒钟都会经过一个像这种阴气沉沉的标志。如果以1英里12个棺材来计算的话，足足可从美国大陆的这一端排列到另外一端！

自从听了这段话以后，每逢我开车时，眼前就会浮现那位学生所描绘的景象。

这是为什么呢？那是因为诉之耳朵的印象，不怎么会残留于记忆之中，恰如桦树光滑的表皮一般，很容易被雨雪冲刷掉。但是，诉之眼睛的印象可就不同了。

两三年前，我在多瑙河畔看到一颗炮弹夹在古屋的墙壁。那是拿破仑指挥下的炮兵队，在乌尔姆战役时射出的炮弹。视觉性的印象恰如这颗炮弹以猛烈的力量撞击墙壁，然后牢牢地“吃进”墙壁里面，一旦“吃进”去，就是用任何千斤顶，也拿它不得了。

（2）避开专门用语

如果你从事律师、医生、技师等高度专业化工作的话，当你面对跟此职业无关者谈话时，最好尽量以平易的言语表现自己，把那些必要的事情尽量详细说明。

反正，在谈话时你必须比一般人更为小心翼翼就是了，因为在这方面失败的例子非常多。这些从事专门职业的人，似乎不曾察觉到听众对他们的专业完全无知。结果呢，他们只是一味地谈论那些自己才懂的话。如此一来，对外行的听众来说，将会感到莫名其妙，有如丈二和尚摸不着头脑。

用孩子也能听懂的叙述方式

那么，上述的演讲者应该采取哪一种谈话方式呢？

以下就是印第安纳州上院议员毕伯利杰的忠告，你不妨作为参考。

你不妨从听众里面选择学识最差的人，努力使这个人对你的议论产生兴趣，如此就是最良好的练习法。你必须明显地叙述事实，把你的想法以浅显的方式向他表示，方始能够跟他沟通；或者当你跟孩子在一起时，也可以把焦点对准他们勤加练习。此外，你也不妨可以在事前，先向听众表明愿意以最浅显的方式演说的诚意。

我们讲座上的一名学生是位外科医生，当他在演讲的途中突然说："横隔膜呼吸对肠的蠕动有帮助，乃是健康的一大福音"后，又立刻改变话题，很快地就要讲其他的话。这时，讲师请他暂停，调查了一下知道"横隔膜呼吸跟其他呼吸有何不同？为何这种呼吸对健康有益处？"以及"蠕动又是什么？"的人数，结果呢？根本就没有人举手。医生感到非常惊讶，于是才展开说明——

所谓的横隔膜，就是位于肺的下部，腹腔顶端，形成胸底的薄弱肌肉。不活动它，而采用胸式呼吸时，横隔膜就仿佛朝下的洗脸盆一般，呈朝下的弓形。

采用腹式呼吸法吸入空气的话，这种弓形肌肉会朝下被压平，以致给人一种胃部肌肉被腰带压迫的感觉。这种横隔膜的运动，能够按摩胃、肝脏、脾脏、大肠神经丛等腹腔上部的器官，并且刺激它们。吐气时，胃横隔膜则会被抬高，此种按摩作用能促进排泄。

健康不良，在极大多数的场合，原因都在肠部。因此，只要时常做深度的横隔膜呼吸，胃及肠部时常运动，一般性的消化不良、便秘、身体中毒等都会好转，甚至痊愈。

说明“除霜”的两种方法

不管是说明什么东西，最好的方式乃是由简单逐渐移到复杂。例如在一群主妇面前说明冰箱为何非除霜不可时，如果采取下面的方式，就一定会招致失败——

“冷却的原理，乃是基于蒸化器会从冰箱内部吸热的缘故。随着热气被抽出，产生出来的湿气会附着于蒸化器，一旦增厚，就会使蒸化器绝缘，马达就会增加回转的次数。”

如此说的话，很难让主妇们理解。如果从家庭主妇习惯做的事情开始的话，她们就比较容易理解——

“你在冰箱的哪一部分冷冻肉类呢？你当然也知道冷冻室最容易结霜，所以为了使冷冻室发挥良好的机能，平日就得把厚厚的结霜除去。那些包围冷冻室的霜，就仿佛卧房里包裹你的毛毯，或者等于塞在你家墙间的石棉，以保护你的房子免于受到外界的破坏。结霜越厚，冷冻室就会从冰箱中吸取热气，以致难以保持冰箱的冷却度。如果使用冰箱附带的自动除霜装置，霜就不会变成很厚。如此一来，马达也就不必频繁地转动，减短每一回转动的时间。”

使用后就要说明

关于这个问题，亚里士多德已经给我们很好的忠告。他说：“以贤者的方式思考，以 30 人的方式表达。”

就算是非使用专门用语不可，也必须把该用语所包含的意义，耐心地向听众说明，直到每个人都能够理解并且使用它。

一位股票经纪人，在一群想学习金融投资的妇女面前谈话时，一直使用平易近人的言词，以会话一般的方式进行“授业”，使她们感到轻松愉快。他的说明很明快，不过专业术语例外，例如，支票交换所、持权者交易、偿还抵押、买空、卖空等用语。如果不使用这些用语的话，他的话一定更具魅力。

不过，这并非意味着不能使用专业术语，只是使用以后，必须立刻说明。所谓的辞典就是因此而产生的。

5. 使用视觉性的辅助手段

利用图画及照片补充说明

从眼睛通到脑部的神经，比起从耳朵通到脑部的神经，具有好几倍的力量。科学家已经证明，视觉方面的刺激比起听觉的刺激来，要强大25倍。

有道是“百闻不如一见”，视觉的刺激确实远超过听觉的刺激。

所以，欲使你的谈话明快逼真，就得把想法可视化，这正是NCR创始者约翰·巴达森所采用的方法。巴达森曾经在《方法》杂志上面发表一篇文章，说明他跟公司职员以及推销员谈话的方式——

我认为说话者希望对方理解自己，或者想引起听者注意的话，单依靠语言是不够的，还需要戏剧性的补足。当你要说明哪一方正确哪一方错误的时候，最好尽可能地利用图书以及照片来补足，这才是聪明的做法。因为，图表比起语言的说明来，更富于说服力，而照片及图片则比图表更具有说服力。

想要说明某一件事情的时候，最理想的方式莫过于在重要的地方，采用照片或图片来表示，而言语只用来连结它们之间的关系。

其实，我很早就知道在与别人沟通之际，使用照片以及图片的做法，远比使用语言更为有效。

使用图表及展示物时应注意的事项

使用图表的时候，必须先确定一下它的大小是否合适，同时也不要接二连三地把图表拿出来，否则反而会使人感到厌倦。若想一面谈话，一面画图的话，那就得快速地在黑板或者白纸上面描绘。听众并不想看伟大的艺术作品，因此可以省略的地方就尽量地省掉，只要大略地描绘就可以。一面描绘一面讲解时，也最好常常看着听众。

大体说来，使用展示物时应注意的事项有下列8种，兹分述如下——

（1）一直到使用为止，展示物必须放置于听众看不到的地方。

（2）展示物必须大一些，以便最后一排的人也能够看到，如果看不到的话，听众就不能从那个展示物上学到什么。

（3）在你的谈话当中，不宜使展示物巡回于听众之间，以免制造竞争对手。

（4）使用展示物时，必须高高地举起来，以便全部的听众都能够看得见。

（5）请你牢牢记住，一个会移动的展示物，具有十个不会移动的展示物的效果。如果能够使用的话，最好是在当场实际演出。

（6）在你谈话的时间内，不要一直看着展示物，因为你想沟通的对象是听众，并非展示物。

（7）对展示物的说明完毕以后，最好把它放置于看不到之处。

（8）如果想凭展示物的神秘性取得效果的话，那就把它放置在一旁的桌子上面，并且覆上东西。在你谈话的途中，不妨说一些能引起听众好奇的话，但是绝不能说出覆盖物中的东西是何物，如此一来，一直到取下覆盖物为止，听众都会充满好奇心以及强烈的注意力。

视觉方面的材料，可作为增加谈话明晰度的手段，事实上目前它也日渐受到重视。为了使听众理解你所说的话，这可说是一种最为确实的方法，因为它可以使听众透过他们的耳朵，以及透过他们的眼睛，理解你的内心。

使说话明晰的热情

在使用语言方面极为出众的两位美国总统，都不约而同地认为，明晰的说话能力乃是依靠自我训练而获得。

诚如林肯总统所说的，每一个人都必须具有使说话明晰的热情。

很早以前，林肯就曾经对诺克斯大学校长卡利巴博士，透露他如何培养这方面的热情——

我在幼年时期，无论什么人使用我不能理解的语句对我说话时，都会让我焦急不耐。我从来不曾为其他事情动过怒，唯有这件事往往会让我怒不可遏，即使到了现在亦复如此。

夜晚，听到父亲跟邻居闲谈以后，我就会进入自己的小卧房里面，踱过来踱过去，试着去理解我完全不懂的谈话内容。一旦开始了这种探索以后，我就会不断地回想大人们说过的话，一直到能够把它改为连我的朋友都能够理解的语句，方才能够睡着。这一件事情对我来说，仿佛是一种热病，而且一直纠缠着我不放。

一发即中的表达方式

另外一位杰出的大总统威尔逊，针对传达自己的意见给对方的方法，如此地下达忠告——

我的父亲具有很旺盛的向上心。他总是无法忍受模棱两可的东西。我最好的训练，乃是承受自父亲。自从我学习写字开始，一直到 1903 年父亲以 81 岁高龄逝世为止，我都会把自己写的东西拿给父亲过目。

父亲通常都会叫我大声地把自己写的东西读出来。这件事情对我来说，永远都是痛苦的一件事情。父亲时常在中途打断我的话，问我那是什么意思？而我就得仔细地回答他。正是因为如此，我才更能够表现自己（比起纸上所写的东西）。父亲总是如此地告诫我——对于你想要说的事情，不宜使用散弹枪射出，任由它们击中某些东西。对于非说不可的事情，必须使用来复枪，一弹就射中才行。

第九章　扣人心弦的说话方式

大旋风似的谈话

在某一个时期里，一群男女被放置于大旋风的进路。这并非真正的大旋风，不过也很接近。那一阵旋风叫莫里斯·哥尔特，被卷入旋风里面的一个人，如此叙述那时的情形——

我们和他一起在芝加哥吃午餐。我们知道对方是个雄辩家，因此一心期待着他能站起来演讲。他是一位诙谐的中年绅士，当他被邀请发表演说时，他很客气地向大家致歉之后，才开始他的演说。

他有如一阵大旋风似的，朝着大家展开袭击。他把身体向前方倾斜，再使用一种足以看透人的眼光，把我们牢牢地“钉”在那儿不敢动弹。他的声音并不大，可是却有如铜锣一般地响亮。

“你们瞧瞧四周吧！”他说，“你们彼此对看一下，如今坐在这里的人们，将有几个人死于癌症呢？你们知不知道？45岁以上的人，4个人里面将有一人死于癌症……4个人里面就有一个人！”

他暂时停止，脸上充满了光彩，说：“当然啦！这是很冷酷的事实，不过这种状态可能不会持续很久，因为一定会有什么对策可以应付。所谓对策，就是指癌症的治疗法以及对病情的进一步研究。”

他沿着桌子，扫视了我们每一个人，再询问：“你们想在这种进步中，担任一个角色吗？”

那时，我们的内心除了赞同以外，还能回答一些什么呢？“那当然……”我如此在想。事后我才获知，大家的想法都跟我一样。

在还不到1分钟之内，莫里斯就牢牢地抓住了我们的心。他抓住了每一个人的心，把我们拖入他的话题里面。

不管在任何场合，所有的演讲者都希望获得良好的反应。以莫里斯来说，他最大的理由就是赢得我们的赞同。

莫里斯先生跟他的胞弟在一无所有之下，建立了一年贩卖额高达1亿美元的百货公司连锁店，经过了长久的艰难岁月之后，终于获得成功。很遗憾的是，他的胞弟尼森突然死于癌症。其后，莫里斯捐给芝加哥大学癌症研究所100万美元，并且决定退休，与癌症战斗，其努力的程度几乎浑然忘我，因而赢得了大家的爱戴。

这个事实再加上莫里斯的人格，使得他所谈的话牢牢地抓住了我们的心。诚实、认真、热心……为了一个伟大的目的，他整年埋头苦干，而这所有的要素，也为他赢得了听众的赞同、友情以及关心，并且心甘情愿地被他掌握。

1. 建立起被信赖的人格

先抓住自己的心

昆迪利安说:“演说家乃是谈话术熟练的善人。”换句话说，并不是只要技术好就够了，还必须具备诚实以及高洁的人格。

本书所叙述的事情只要涉及有效果的谈话术，都会提起这根本性的资格。

毕蓬·摩堪说:“高洁的人格乃是获得信用的至上手段。”

亚力山大·威尔考德也说:“只要以满腔诚意演讲，你的声音就会充满任何骗徒都无法模仿的真诚。”

谈话之目的在于抓住人心，所以必须基于自己对于这件事的坚定信心，以满腔的热情表达才行。在抓住他人的心以前，必须先抓住自己的心!

2. 酝酿接受的气氛

“是”与“否”的真正意义

西北大学前校长威尔·斯考德说:“凡是心中的所有观念、

概念以及结论，只要不受到相反思想的干扰，就可以被当成真的东西接受。”如果把这一句话浓缩的话，就是使听众时常处于赞同你的心理状态。

我的亲戚哈利·奥巴斯特里教授，在纽约社会研究所举行的演讲中，就曾试着把这种想法派上用场。

技巧绝妙的演讲者，一开始就能获得很多赞同的反应，只要能在这个阶段获得成功，演讲者就等于是把听者的心理导至肯定的方向。

当一个人有否定的意见，而这一句话是从内心里出来的话，那么他身体的全部组织、分泌腺、神经、肌肉，都会采取拒绝的态度，出现微小的肉体方面萎缩前倾的现象。一言以蔽之，全部的神经以及肌肉组织都将采取防御的姿势。反过来，当内心肯定时，就绝对不会引起萎缩的现象。因此，一开始就获得多数赞同者，越能够获得听众主动的关心。

在技术方面来说，要获得听众的赞同实在非常的简单，但话虽如此，这一点却往往被忽略了！甚至有些演讲者认为一开始就惹起听众的反感，才是显示自己权威的一种手法呢！

例如，急进主义者跟保守主义者展开会议时，急进主义者就往往会惹恼保守主义者。说实在的，如此做的话，一点好处也得不到。如果你想惹恼他们取乐，那倒也罢了，但是如果你是想获得某些成果的话，那以心理学的观点来说，你已经犯下了不可救药的愚行。

一开始就惹起学生、顾客、孩子、丈夫、妻子等人的反感的话，欲使他们在根深蒂固的反感上面，还能赞同你的话，那是绝对不可能的。

从每一个人都能赞同的事情开始

一开始就想获得理想的赞同反应的话，应该如何着手呢？关于这个问题，林肯回答："一开始议论就想获得听众赞成的话，那就得找出每一个人都能赞同的事情。"林肯甚至在谈论随时会爆发的奴隶问题时，也能够做到这件事。当时，采取中立立场的《镜报》，曾如此报道林肯的演讲："在最初的30分钟，林肯所说的话，连他的反对者也表示同意，于是林肯逐渐把他们引诱进来，到后来几乎把他们关进自己的'笼子'里面。"

向听众发表议论的人，若想以强制的手段，叫听众放弃守备态势而倾向于他，那几乎是不可能的事情，尤其是大言不惭地说："我可以证明这件事一定会成功！"更是要不得。因为如此听众会把那句话看成挑战，以致在内心里说："咱们就走着瞧……"

你最好一开始就强调每个人都相信的事情，再拿出谁都想知道答案的质问，如此就对你有利多了。然后，你就可以带着听众去找寻答案。在找寻答案之间，你不妨很清楚地对听众提出事实，再如听众所想象的一般，下达你的结论。

人们对自己所找出来的事实，比起不是自己找出来的事实，更具有强烈不移的信仰，这也就是"被认为并非单纯说明的东西，方才是至上的主张。"

不管何种对立，都有共同点不管意见的相违如何的激烈，总可以找到使全员赞同的共通之点。以下，我就要举出一个实例。

1960年2月3日，英国首相麦克米伦对南非联邦两院举行演说，表示在种族歧视政策支配大众的时期，他感觉非向立法机关表明联合国所采取的废止种族歧视的主张不可。

首先，麦克米伦首相强调南非联邦的伟大经济发展，以及它对世界的各种贡献。接下来，他很巧妙地提出他的见解。他指出——意见的相违乃是基于个人内心的确信。麦克米伦的整体演说，使人想起了林肯在福特·萨姆达举行的有力演说。他说——

作为英国联邦的子民，我们很乐意对南非伸出援助与激励之手。不过坦白地说，你们既然是在我们的管辖地域之内，跟我们想实现的‘人人自由’政治唱反调，我们就不可能实施支持与激励。我们既然是友邦，英国子民自然不会动辄就责备你们，更不会自夸。不过，我们必须面对这种不同见解所造成的事实。

纵然跟演说者的意见有多大的不同，但是听完了这场演说以后，听众也都深刻地了解演讲者并没有私心。

指责易生愤怒

如果在一开头麦克米伦首相就强调政策不同的话，情形又会变成如何呢？关于这个质问，罗宾逊教授在他的著作里，给了我们心理方面的回答——

我们有时会在毫无抵抗及强烈感情的作用下，察觉到自己的想法正在改变。不过当别人指出我们的错误时，我们往往会对他的非难感到愤怒，而变成固执、冥顽不灵。我们对于自己信念之形成几乎是漫不经心，然而，逢到他人要破坏我们的信念时，我们却会对那些信念付出热情。很显然，对我们而言，最贵重的并非观念本身，而是遭受到威胁的自尊心……

由“我的”所构成的语句，在人类生活中可说是具有最重要意义的一句话，因此必须特别慎重地处理它们。例如“我的”晚餐、“我的”狗、“我的”信念、“我的”国家、“我的”神等等，其中“我的”这个冠词，就具有相当的分量。

不仅别人对我们说“你的表不准”或者“你的车子很破”时，我们会动怒，就是我们对火星、对某种药品其药效的想法，被他人强迫订正时，也会感到恼怒。

我们只喜欢对自己认为真实的东西深信不疑，一旦有人对我们深信的东西表示怀疑时，我们不仅会感到愤怒，而且会更进一步执着于这种信念，并且倾力为它争辩。由此可见，我们所谓的论证，大半是我们对自己已经相信的事情，努力找出继续相信下去的理由而已。

3. 把热情传导给听众

热情能够传导

当演讲者把自己的想法及感情，热情万分地对听众诉说时，对方在内心萌出反对想法的比率将锐减。因为，所谓的热情是具有传导力量的东西，热情这种东西可以驱散否定以及反对的想法。

如果你想扣紧听众的心弦，那么与其在思考方面下工夫，不如在感情方面下工夫。因为比起冷淡的观念来，感情具有更大的力量。不过在感情方面下工夫时，非得极为认真不可，不管你用尽了美丽的词藻，搜集了多少实例，声音如何的调和，手势如何的优雅，如果不是“真心”说出来的话，仍然无法感动听众。

有意感动听众的话，就得先使自己本身感动，传导给听众那种透过你的眼睛、你的声音以及你的态度的那股热诚。

你演讲的目的如果是想扣紧听众心弦的话，那么你的态度将决定听众的态度。如果你一副马马虎虎的德行，听众也会心不在焉；如果你傲气十足的话，听众也会敌视你。亨利・比杰曾经说过——

“听众开始打盹时，只有一个办法可行，那就是叫护卫拿着尖头的木棒，用它去扎那个‘说教者’！”

祖鲁族王子的辩论

我曾经被任命为哥伦比亚大学寇蒂斯奖的3名审查员之一。出场的6个学生都经过充分的练习，有意互别苗头。不过除了其中一个学生以外，其他的学生之所以拼命地练习，乃是想获得奖章，所以并没有想到要扣紧听众的心弦。

他们在选择话题时，只是考虑到是否适合于演说而已，对于自己的演讲，根本就没有兴趣，等于是在实习辩论术。

只有祖鲁族的王子例外。王子以非洲对现代文明的贡献为话题，对于每一言每一词都注入感情，而不是把它当成演讲的实习。他的演讲充满自信与热情，他是为了自己的同胞以及自己生长的陆地发表演讲。他凭着智慧、人格以及善意，表达自己同胞的希望，以期我们能够理解。

以演说的完成程度来说，比他更好的竞争者有两三个人，不过我们还是把奖章颁给了他。因为，我们这些审查员发现，祖鲁族王子的演说充满了真实与诚意，相比之下，其他人所做的演讲，就有如瓦斯暖炉的火一般，始终显得欲振乏力。

祖鲁族王子认为在离开祖国很远的土地上谈话时，只凭道理并不能把人格投影在上面。他自觉到，谈话的人必须使听者察觉到他是如何深信自己所说的话。

4. 向听众表示敬意与情爱

绝对性的审判官

“人一生下来，就希望受到尊敬以及爱戴。”

诺曼·比尔博士引用一个喜剧演员的话说：

无论是哪个人，在内心里都认为自己是有价值又具威严的人物。一旦伤到了这两点，你就会永远失去那个人。所以只要你去爱某人、尊敬某人，对方也会爱你、尊敬你。

有一次，我跟某位演员一起上电视节目。我跟那位男演员并不熟识，后来我看了某杂志以后，方才知道他对我有不满的地方。不过，我当然知道之所以会如此的理由。

那时，我就快要上节目说话了，因此默默地坐在他的旁边。他就回来对我说：“你好像沉着不下来？”

“是啊！”我回答，“站在别人面前，我总是会或多或少感到紧张，因为我一向很尊敬观众，又有责任感，所以就免不了会感到紧张。难道你一点也不会感到紧张？”

“不会……我一点也不会紧张！”他回答，“为什么有那种必要呢！观众很容易上当，他们都是一些笨蛋！”

“我不赞成你这种说法！”我对他说，“观众是绝对性的审判官，我一向对观众都很尊敬！”

比尔博士认为这个演员的声望就要一落千丈了。不久以后果然如比尔博士所料，而这都得归因于他不但不会收揽人心，反而喜欢引起观众的敌忾对立之故。

对于希望传导某事给他人的我们来说，这不就是一个很好的教训吗？

5. 以友谊式的说话开始

无神论者的挑战

某一个无神论者为了反证神的存在，对威廉·贝利提出挑战。但是，贝利只是静悄悄地取出他的怀表，打开表盖说："如果我说手表中的杠杆、齿轮以及发条，都是自动地形成，自动地配合，再自动地转动起来的话，你难道不会怀疑我的智力吗？我想，你一定会怀疑的。不过，请你抬头看看星星吧！每一颗星星都有固定的轨道以及运动。地球以及行星环绕太阳，全体以一天100万英里以上的速度回转，所有星星则又形成了以太阳为中心的群体，跟太阳系相同，也在宇宙中奔驰，而且从来就不相撞，也不会彼此妨害，更不会引起混乱。对于这种情形，你认为'偶然变成如此'的想法，以及'有人使它们那样'的想法，哪一种想法比较容易让人相信呢？"

如果一开口就说："什么？你认为没有神存在？笨也要有一个程度啊！你知道自己在说些什么吗？"一定会引起争吵，而且将如烈火般的激烈，同时也免不了一场无聊的舌战——无神论者将会有如发狂的山猫一般，以更为狂热的态度冒渎神圣，为保护自己的主张，跟你周旋到底。因为对他们来说，它是无比的贵重，如不坚持下去的话，他的自尊心将备受威胁，他引以为傲的事也会陷入危机之中。

跟反对者引以为傲的事站在同一战线

所谓的骄傲，是具有爆发性的一种人类特质，与其与它为敌，不如跟它站在同一战线比较划得来。那么，我们又应该如何去做呢？

关于这一点，我们不妨学习贝利的例子，告诉反对者，我们想提出来的事情，其实跟他们已经相信的事情很接近。如此一来，反对者就比较容易接受你所说的事情，这时我们就可以防止他们产生“排他”的念头，损及我们所提出之事的价值。

贝利对于人类内心动态的说明，已经使我们有了一些微妙的理解。不过，大多数的人都缺乏与别人所谓信条的城堡和平共存的雅量，老是认为欲攻下别人的城堡，必须有如台风一般地展开，以正面攻击的方式击垮对方。如果真的如此做，后果会如何呢？

一旦进入了敌对关系，守城的那一方一定会把吊桥拉起，关闭城门，并且上好门栓，叫穿着盔甲的射手严阵以待……于是，口舌之战便开始了，而终至两败俱伤。这一类的争端到头来总是打成平手，双方都不能使对方让步一点点。

圣保罗的演说

我所倡导的这种方法，其实在很久以前圣保罗就使用过了。圣保罗在给雅典人的著名警告中，就是使用这种方法，即使经过了1900年的悠久岁月，它仍然受到我们的赞叹，可见它是一种巧妙而洗练的方法。

圣保罗接受过完全的教育，自从投入基督教以后，他靠着自己的雄辩能力，而成为基督教的领导者。有一天，他来到雅典。那时，贝利克利斯刚去世不久，雅典的全盛期已过，正处于衰退的途中。《圣经》形容当时的雅典人——“雅典人跟滞留于该地的外国人，都是凭着风闻新的东西、谈论新的东西度日子。”

当时，没有广播、电视、电话，以及新闻的报道机关，因此对雅典人来说，每天下午搜集新情报，实在是相当困难的一件事情。

就在那时，圣保罗来到雅典，而这件事也就是最新的情报。雅典人感到甚为有趣，于是就集合在圣保罗身边，并且问圣保罗说：“你所说的新教是什么东西呀！告诉我们一些新奇的事情，我们想知道它究竟是什么。”

换句话说，雅典人要求圣保罗发表演说。保罗也爽快地答应了他们。事实上，圣保罗也就是为这一件事而来。或许，圣保罗当时就站在石头上面，有如那些出众的演说家一般，稍微神经质地擦擦手上的汗水，再干咳了几声，然后才开始演讲……

完美的开场白

不过，雅典人诱引他所使用的言语，叫他不敢苟同。“新的教导……珍奇的事情……”这一句话含有毒素，这种想法非扑灭不可，因为这些话等于是在酝酿意见对立以及冲突。圣保罗很不喜欢以奇特的方式公开他的信仰，他计划把他的信仰跟雅典人的信仰连结在一起，以使它带着亲和力，如此一来就可以消除异教的气氛。不过，为了达到那个目的，应该如何着手呢？

圣保罗终于想到了一个很好的点子，展开了那一场号称不灭的演说——“雅典的人们，就各方面来说，你们也未免太富于宗教心了……”

雅典人信仰很多的神，他们很富于宗教心，并且以这件事为傲。圣保罗着实地夸奖他们一番，于是雅典人都用祥和的眼光看着圣保罗。

最有效果的谈话法则，乃是利用实例来证明论旨，圣保罗就是使用这一招。

“说实在的，当我一面走路一面看看你们参拜种种神祇时，突然看到了一些祭坛上竟然刻着‘供奉不知名的神’！”

这件事是为了证明雅典人非常富于宗教心，为了不轻视任何的神，就连不知名的神也设置祭坛。圣保罗在提起这种祭坛时，还表明了他并非是在说恭维话，想讨好那些雅典人。换句话说，他是在表示那些都是产生自观察的真正认识。

这以后的话，又证明了他的观察之正确性——

“那么，我现在就告诉你们，你们在不知不觉间膜拜的神是什么……”

“新的教导……珍奇的东西？”你们弄错了！圣保罗这次来雅典，就是要针对雅典人在无意识之下崇拜的神，说明一些事实，把对方原本不信的东西，比喻为他们已经狂热地接受过的东西……这就是圣保罗所使用的绝妙技巧。

他也从一个希腊诗人的作品中，引用了一些诗句，成功地说明救济与复活的教义。不曾听过圣保罗演讲的，有些人嘲笑他，不过也有人希望再听一次他的演讲。

先试着彼此理解

欲抓牢人心或者为了感动他人而演讲时，最重要的一件事情，就是在听者的心里植入谈话者的想法，使对方不致产生反对的念头。习惯于这种手法的人，都能够很有力地谈话，以便有力地影响他人。

几乎在每天的日常生活中，你都必须针对某种问题，跟意见全然不同的人交谈。在家庭、办公室，以及种种社交状况之中，你都在努力使别人的想法跟你相同吗？你所使用的方法是否有改善的必要呢？你是如何与人谈话的呢？是否像林肯或者麦克米伦一般，用尽了临机应变的才能呢？如果你能够做到这种地步的话，你就像稀有的外交强者一般，具备有天赋说服人之能力。

最后，我要提出威尔逊总统的一句话，因为它对你我都有所帮助。

如果你来我家对我说："来吧！我俩一块谈谈。如果彼此的想法不一样的话，我俩就来理解其中究竟如何的不同？问题又在哪里？"只要如此的话，不久以后我俩之间就不会有很大的意见歧异，同时彼此不能苟同的地方也会减到最少，而彼此赞同的地方就会增多。只要以忍耐与率直彼此对待，我俩就能够相处得很好。

第十章　应对得体的即兴演讲

所长的慌乱

不久以前，企业界的指导阶级跟政府官员，参加了某制药公司的新研究所开设典礼。研究所所长的 6 名部下陆续地站起来，发表有关化学学者以及生物学者正在进行的有趣工作。这些话题都涉及传染病的新疫苗、跟细菌战斗的抗生物质，以及能够缓和紧张的精神安定剂之类的开发，而这些药品都是在经过动物实验之后，再应用于人体，且效果都非常良好。

“真了不起！”一名政府官员对所长说，“大家都好像在变魔术一般。不过，你为何不站起来说话呢？”

“因为我不习惯在众人面前说话。”所长脸色黯然地说。

不久以后，司仪出人意料地说：“我们还没有听到所长说话呢！虽然所长不喜欢正式的演说，不过我们还是希望他说几句话。”

结果可想而知，所长虽然站了起来，但是他只是一直说：

“很抱歉！我不会说一连串的话……”之类的话。

这位所长在专业领域里，堪称是头角峥嵘的人物，但是到了要在大众面前谈话时，就很明显地慌乱起来，以致丑态百出。其实，只要是他有这份心意，他一定能够学好即席演说的方法。我认为这位所长第一件非做不可的事情，乃是毅然放弃败北主义的态度。只要如此，不管碰到何种困难，他都能继续奋斗下去。

“如果事先有准备，经过练习的话，就能讲得还像话，但是一旦临时被指定说几句话，我就会感到不知所措……”——或许有不少人会如此说。

整顿自己的思想，即席地发表谈话的能力，比起耗费长时间准备以后再站起来演说的能力更为重要。不管是在工作方面，或者在日常生活方面，都必须依靠口头的意思传达。因此，必须学习如何机敏地动脑思考，再把它们流畅地用言语表现出来。

以今日来说，多数能够影响产业及政治的决断，并非由独裁者所下，而是在会议席上决定的。虽然个人仍然有发言权，不过这种发言必须在群体意见的批判中，很有力地叙述出来才行。在这种场合里，若能够活用即席发表谈话的能力，效果将会非常显著。

1. 即席演说的练习

艰深的游戏

只要适度地备有自我统御的能力，就连一个只具有普通智能的人，也可以临机应变地说出听者能够接受的话，甚至是一语惊人的即席演说。为了在别人要求你说几句话时，能够很快速地表现自己起见，你不妨在平时多多练习，以便增进表现自己的能力。著名电影演员们所使用的方式，就值得借鉴。

在好几年以前，道格拉斯·费潘克斯在《美利坚》杂志中写了一篇随笔。在这篇随笔里面，他提起了在那两三年之间，每晚跟卓别林与玛莉·毕克福特所玩的游戏，他们所玩的游戏并非单纯的游戏，而是练习说话术中最为困难的技术——站起来即刻整顿想法的练习。费潘克斯说明游戏的玩法——

“我们各自在一张纸上写下一个主题，再把纸片折起来混合在一起。首先，由一个人抽出其中一张，然后立刻站起来针对纸上所写的主题发表一分钟谈话。我们从来就不曾重复使用相同的主题。有一天夜里，我必须针对台灯这个主题谈论。这个主题很难发挥，所以我绞尽了脑汁才勉强通过。如果你认为这并没啥了不起的话，你不妨试试看。

“因为玩了这种游戏，我们 3 个人的脑筋才变得灵光多了。由于试过很多不同的话题，我们储存了很多知识。不过最大的利益，乃是对任何的话题都能立刻整顿出知识以及想法。换言之，我们学会了‘站着思考’的方法。”

两种效用

我们讲座上的听讲者，在接受课程的期间，都必须常常发表即席谈话。基于长久的经验，我知道这种练习有两种效用：

（1）证明每个人都能够“站着思考”。

（2）基于这种经验，以后要做有准备的演讲时，精神能够更为安定，自信也将更为充足，即使发生了最坏的情况——演说脱离了准备的题材，内心变成一片空白，也能够基于即席谈话的能力，在不感到慌乱之下，再度回到演说的主题上。

我们班上的学生，时常会听到这一句话：“今夜，你们每个人必须针对一个不同的主题发表谈话。不过在被指名站起来以前，我不会告诉你们谈话的主题是什么？请好好地表现一下！”

在这种情形之下会发生什么事情呢？或许会计师将被要求谈论“宣传的功用”；广告的推销员也有可能被指定谈论“幼儿园”；教师可能会被要求谈论“银行的业务”。反过来说，银行职员也可能必须谈论“学校教育”，而店员必须谈论“工厂的生产”也说不定。

站起来谈话的听讲者，并不须装成是谈话主题的权威者，只要针对讲师给他的主题，尽量利用自己所拥有的知识，把它们跟主题连接起来。刚开始时，或许不能说得很好，不过既然站了起来，就得试着讲一讲。或许对某些人来说，给予的主题很容易发挥，对另外一些人则显得稍微深奥了些，但是他们绝对不能放弃。大家都期待着成绩能够比自己预料中还好。为此，他们的心中会不断地起伏，每一个人都希望能够发挥出比预想中更高的能力。

既然讲座上的学生都办得到，其他的人当然也不会有问题。只要有充分的自信以及坚定的意志，这种练习做得越多，越是能感受到发表谈话的容易。

连锁技术的游戏

用来训练“起立说话”的另外一种方法，乃是即席的连锁技术。这也是我们讲座上最富刺激性的特点。例如，某一个听讲者，使尽他幻想式的言语，开始叙述一个故事：“当我操纵一架直升机时，突然发觉有幽浮群接近，那时我考虑着陆。如此一来，最靠近我的一个幽浮里面的男子，冷不妨地朝我发炮。于是我……”

在这时，表示谈话者必须停止的铃声会响起来，于是下一个听讲者必须紧接着说下去。待全班都“接力”似的讲完时，谈话很可能会在水星的运河告一段落，或者话题被扯到议会的会议厅上。

在没有任何准备之下增强说话技能的这种训练方法，可说是一种很出色的训练法。越是累积这种练习，越是能够在必须即席谈话（在事业方面或在社会生活方面）的场合，充分地发挥你的本领。

2. 做好心理准备

如果突然被指名发表演说的话……

逢到你没有任何准备，而对方要求你发表一些谈话时，通常对方都是在期待你能够就自己没有权威性知识的主题，简单地发表一些谈话。于是，你面临的问题将是如何判断当场的状况，以便在短时间内很正确地就某一个主题发表谈话。熟练于这种技巧的方法之一，乃是针对这种状况做好心理准备。

当你出席某一个集会前，不妨想想，如果被指名发表演说地话，你准备要说一些什么呢？哪一种话题最适合你？对于会场所讨论的提案，你是认同呢？还是反对？以何种话表现，比较合适呢？

一开始，我就要给你以下的忠告——为了随时随地都能够当场发表即席谈话之故，你必须整顿好思考的状况。

做好一般性准备的说话方式

首先，我要求准备发表谈话的你多多思考，虽然思考这件事实在很艰难。不过，话又说回来了，凡是对于有关自己的状况，不曾拨一点时间分析的人，每当在现场发表即席谈话时，几乎没有一次能进行无懈可击的演说。

恰如时时准备于万一，不断地采取防备措施，以致能够以冷静正确的态度处理非常事故的飞行员一般，那些能够在即席演说上大放异彩的人，都是受过无数次的谈话练习的佼佼者。

严格地说来，那不算是即席谈话，而只是经过准备的一般性谈话。因为你在事前已经知道谈话的主题，所以只要使谈话的内容与当场的状况配合好就行了。

作即席谈话时，你通常只能拥有很短的时间。因此，首先你必须先决定话题的哪一面较能跟当场的状况配合。你不必因为不曾准备而向对方说一声抱歉，因为对方早就预料到这一点。虽然不一定要即刻，但是你最好能很快地进入话题。同时，请你接受以下的忠告。

3. 使用实例做开场白

一开始的数秒钟就能定胜负

使用实例的理由有三：（1）你不必费神去找接下来要说的话，因为只要累积经验，则无论处于任何状况之下，都能够很自然地说出话来。（2）你能够一波又一波地说出话来，刚开始时感到忐忑不安的现象也会逐渐消失，甚至有时间为话题做些“暖身”运动。（3）你会很快地引起听众的关心。有如本书第七章所指出的一般，使用实例乃是立刻取得关心的确实手段。

刚开始谈话的最初数秒钟，就是你最需要自信心的时刻。由于你举出的实例里面，难免含有人际关系的一面，所以听众将深深地被吸引，如此自然就可以增加你的自信。

所谓意思沟通，是指双向交流。能吸引听众注意力的谈话者，能立刻就感觉到他已经吸引住听众。一旦谈话者察觉到听众理解他，听众期待的眼光就会像电流一般，流通到他的头上。到了这个地步，谈话者就会尽自己最大的能力，继续说下去，以报答听众的期待。如此这般两者之间确实的交流，将变成谈话成功的关键。除开这种“心心相印”之外，再也没有所谓真正的意思沟通了。

你就利用实例开始谈话吧！尤其是当对方拜托你“简洁地”说一些话时，你更必须如此做！

4. 生动有力的谈话

本书曾经提过，如果你想做有力的谈话，那么呈现于外表的活泼举止，将给予你的精神方面良好的影响。在一般普通的交谈中，你是否曾经发现有人指手画脚的谈论着呢？像这种类型的人，往往能在群体中显得特别突出，引发听众的热情。

描写手的动作以及心的动作时，我们通常都是使用语言，这也就是人们所说的“捕捉”某一种想法，或者“掌握”某种想法。有如威廉·詹姆斯所指出的一般，“一旦向肉体注入活力，使它变成活泼的话，精神就会以很快的速度跟它相呼应。”因此，我也要给大家一个忠告，那就是——“你不妨把自己的一切投入谈话里面。如此做的话，我就敢保证，你将是一个非常成功的即席演说者。”

5. 彻底投注于现场的铁则

对司仪说些话，藉以缓和情绪

某人轻拍你的肩膀，请你发表两三句谈话，这是很可能随时发生的事。甚至当你正兴趣十足地听着司仪说话时，很可能会突然听到司仪正在谈论你，而使得大家都把视线投向你，指定你为下一个发表谈话的人。

在这种状况下，你的心态将有如史帝夫·李克作品里的酒醉骑士一般，骑上马背毫无目的地驰骋，让人感到紧张万分……遇到这个时候，你不妨对司仪说几句话，藉以缓和紧张的情绪。

3个话题的来源

这以后，你所发表的谈话最好是跟集会有着密切的关系。人类都有一个共通性，那就是对自己本身所从事的事情最感到关心。所以，当你要从事即席演说时，不妨从以下的3个来源寻找主题——

（1）就是以听众本身为话题。为了能够轻松地进行谈话，请你特别注意这一点——谈谈他们到底是什么人，到底在做些什么，并且最好还能适当地说出他们对于社会的贡献。

（2）谈谈当场的气氛以及特殊性，或是该集会召开的原因。说明它是纪念性的集会，感谢性的集会，或者是政治性甚至是爱国主义的集会？

（3）你不妨对前面的演说者表示称赞之意。

在所有形式的演说中，最受到欢迎者，就是具备即席性质的演说。你可以把听众当成对象，把你心里的感受在当场表现出来，这么一来你说的那些话，将会有如戴手套一般，跟当场的气氛配合得非常良好。

如果你的话针对当时的场合而说，也只针对当场的人们而说，将更能使听众感觉格外亲切，而这也就是成功的因素之一。

即席演说像是在一瞬之间开出的花朵似的，开得突然，凋谢起来也很迅速。不过话又说回来，听众所品味到的喜悦，都会留存一段很长的时间，让你大感意外，甚至你还会被认为是即席演说的高手。

6. 并非即席演说，却也能达到即席的效果

劲势十足的即席演说

纵然是即席演说，也不能信口乱说，把一些彼此没有关联以及无意义的事情，在没有任何前后的脉络之下，胡乱地连结在一起。你必须以听众能接纳的要点作为思想的中心，再以论理的方式，把附带的观念以及想法搜集在一起。

即使你举出了实例，也必须是跟你谈论的中心思想有关联者。容我再重复一遍，只要你肯用心热烈地发表谈话，你就不难感觉到即席谈话比起预先准备的演讲来，更具有劲头以及生动的感觉。

只要你肯把本章所指出的几个建议，铭记在心，你就不难成为很有实力的即席谈话者。为了达到这个目的，你不妨按照这一章开头部分的说明，练习我们讲座上所使用的技巧。

应邀出席集会时，不妨订立些微的准备计划，心理上也不妨存着随时会被叫起来谈话的可能性。当你想到自己可能会被叫起来谈话时，就得多多留意其他人的谈话内容。准备时，也务必使你的想法能够用简洁的言词表现出来。

待轮到你站起来发表演说时，你必须尽量地把心中的念头，用平易近人的言词表现出来。因为，事实上听众早就猜到你的见解了，所以你不如以简洁的言词把它表达出来比较好。

建筑师及工业设计家诺曼·贝尔凯迪斯有一句口头禅，他说：“不站起来的话，就无法把思想变成语言。”——他最神采飞扬时，也就是一面在办公室里走来走去，一面对人诉说有关建筑物或者展示物的复杂设计时，因此他反而认为自己非养成坐着谈话的习惯不可。结果呢？ 他也真的做到了。

只不过是闲谈的延长而已

我们的情形刚好跟诺曼相反，我们最必须学习的事，就是站着说话的方法。其实，关于这一点我们大家几乎都办得到。

能够做到这种地步的重要秘诀，是必须实实在在地做下去，也就是说了一则短话之后，再说一则短话……如此，随着你经验的累积，你会发现自己的谈话已越趋流利。到了最后，你就会恍然大悟，原来在众多人面前谈话，只不过是一种闲谈的延长而已。

第四部

意志传达的技术

第十一章　说话的方法

4 种说话的方法

你相信吗？当我们想跟自己以外的世界沟通的时候，只能使用 4 种方法，除开这 4 种方法，再也没有任何适合的方法了。因为，利用这 4 种方法接触他人时，我们才会受到好的评价。

这 4 种方法就是：(1) 我们将要做的事情；(2) 我们如何去看待对方；(3) 我们将要说的话；(4) 我们谈话的方式。

毫无意义的训练

在首次召开公开谈话的讲座时，我曾经花了很多时间进行迅速地变化声音的训练。不过在经过一段时间以后，我察觉到让成年人拓宽音域，以及改变音色，实在是件没有意义的事情。

当然啦，对于那些有意耗费三四年磨炼声音的人们来说，如此做无可厚非。但是，讲座上的学生们都顿悟到，凭自己天生的声音说话，乃是最自然的一件事情（有些人为了改变本来的音调，反而给人装腔作势的虚假感觉）。在这以前，我一直把时间与精力耗费于使学员体会横隔膜呼吸方面，一直到现在我方才体会到，只要能够从压抑以及踟蹰不前中解放自己，即可达成令人惊叹而永续性的健谈效果。

1. 克服自我意识过剩

克服紧张

我的讲座里面有一些教人如何克服紧张的课程。我不止一次要求学员们，只要打破自己的硬壳走到外面，这个世界就会热烈地欢迎他们。我甚至叫他们亲身去体验这一件事情。这一件事情做起来的确很困难，但是自有它的价值。

佛西将军也说过："克服紧张这一件事，就跟战术相同，想起来或许很简单，实行起来可就难了。"

克服紧张的头号敌人，就是整个人变成坚硬，而且不止是肉体坚硬，甚至连精神也变成坚硬异常。那种坚硬，很像是随着人体成长所产生的硬化现象一样。

说实在的，想在听众面前保持自然谈何容易？这并非很容易克服的一件事情。对于这件事情，演员最能理解得透彻。

如果是在孩童时期，也就是说在 4 岁左右，就算是走到演讲台上，面对着一大群听众，仍然能够很自然地说说话。但是到了 24 岁或者 44 岁时，一旦站在演讲台上，你又会有如何的反应呢？到了这时，你还能够保有 4 岁时的自然态度吗？或许还有一些人能够保有，但是十之八九的人都会变成僵硬羞涩，有如一只乌龟似的，躲入自己的硬壳里面。

教导成年人谈话，并非是要训练他们某一种特性，而是要教他们如何消除各种障碍，以一种类似挨揍时的反应，很自然地发表谈话。

以戏剧方式实地演练

在讲座的课程中，有时我也叫学员们采用小说以及戏剧的对白，实地演练一下。我不止一次地叮咛他们，尽可能把自己投入到戏剧的情节里面。这样做了以后，有些学员的演技虽然笨拙得可笑，但是正在“演出”的学员，却是信心十足，不曾感觉到自己的“演技”十分差劲。这一点委实让我们吓了一大跳！因为如果他们在演讲时也能如此的话，那就不至于怯场了。

让学员演练戏剧对白以后，我们发现有几位学员很有演戏的天才，这一点也让我们感到惊讶。我所要强调的一件事情，乃是一旦能够在大众面前摆脱自己的硬壳，那么以后不管是在多少人面前，就都能够很轻而易举地表达自己的见解；而你突然感到的这种自在，就仿佛被关在笼子里的小鸟，一旦获得自由飞翔于天空一般。

说到此地，你一定恍然大悟，人们为何喜欢集结于剧场以及电影院了。因为在那儿，他们可以看到同类在几乎全然无所抑制之下，赤裸裸地表现出真实的感情。

2. 不要模仿别人，以自己的风格说话

一言一语都相似，但韵味却完全不同

凡是能够“演出”自己要说的内容，不惧怕表现自己，能够以独特的个性，充分地发挥想象力的演说者，都是值得我们尊敬的。

第一次世界大战后不久，我在伦敦会见了罗斯·史密斯跟基思·史密斯兄弟。他俩完成了从伦敦直飞澳洲的飞行，获得了澳洲政府所颁发的5万美元，在大英帝国中卷起了一阵旋风，英国国王并且还颁给他俩爵士的头衔。

著名的风景摄影家哈雷上尉也参加了这次的飞行，拍摄记录像片。为了使他俩能够应用影片，发表有关飞行的演讲，我负责担任训练的工作。事后，他俩在4个月之间，于伦敦的费尔哈莫尼克厅举行一天两次的演讲。

他俩并肩飞行过半个地球，所以他俩所说的一言一语也几乎相同，但是他俩所说的话，听起来却有迥然不同的韵味。

我们所谈的话，除开所使用的语言之外，还有一些另外的因素，那就是附加于语言之上的“香气”。所以你想要说一些什么固然重要，但是如何去讲它才是更为重要的。

俄国伟大画家普拉洛夫曾经把学生的画稍微修改了一下，学生看过修改后的油画，吓了一跳说：“这到底是怎么一回事呀？怎么老师只修改了几笔，它就变成完全不同的一幅画啦！”普

拉洛夫回答："所谓的艺术，就是从'只是'开端的。"

这个原理不仅适合于绘画，也可以应用于巴雷列斯基的弹奏钢琴上，甚至也可以用来形容说话的技巧。

英国议会流行一句古老的格言："万事并非凭'说说'就能决定，而是以'说法'取胜。"——这句话是英国在罗马殖民地时代里，修辞学者昆迪利安所说的。

发挥你的个性

美国福特汽车公司的宣传文句——"福特车的结构无论哪一辆都相同。"极具有广告效果，不过任何生命都是个别的存在，所谓的一模一样者，从来就不曾存在过，以后也绝对不可能出现。

对于自己本身，年轻人应该记牢这一点，就算是在思考方面，也应该塑造出一个跟别人不同的特质，再摸索着把它培育出来，而社会与学校就是助长这种特质成熟的地方。社会与学校都具有一种把人类放入相同铸型的倾向，但是尽管如此，你也绝对不要丧失自己的个性，因为它是使你变得"重要"的唯一凭据。

针对有效果的谈话方面来说，这也是不可讳言的事实。这就像人体的构造一般，每一个人都有两个眼睛、一个鼻子，但是却没有一个人的容貌跟你完全一样，更没有人具备跟你完全相同的特性、气质以及做人处世的方式。

在这个世界里，没有一个人能使用与你在自然谈话时完全相同的态度表现自己。所以，它是你在谈话时所拥有的最贵重的财产，你应该牢牢地把握它、重视它，并且把它发扬光大。

所谓“个性”，正是赋予你谈话时的力量与率真的火花，所以你千万别把自己放入铸型里，丧失自己的独特个性。

3. 跟听众说话

看着听众说话

有一次我到瑞士时，滞留于阿尔卑斯山的避暑胜地马伦，居住于伦敦某公司经营的一家饭店。每个礼拜，伦敦方面都会派来两名演讲者。

其中有一位英国著名女作家所谈的话题是“小说的未来”。她很坦白地说出话题并非她自己选择的。也正因为如此，她并不把它当成有价值的话题，只是大略地记下重点。当她站在听众前面时，一点也无视于他们的存在，视线穿过听众的头顶，心不在焉地看着远方，一下子又瞧瞧记录、看看地面，始终不看听众一眼。她若有所失地把视线投到远处，谈话时有气无力，仿佛是朝向超越现实的虚空说话似的。

所谓演说、谈话，根本就不应该如此，这样充其量只能算是自说自话而已。出色谈话的必备条件，乃是予人一种传达意思的感觉。谈话者必须让听众感觉他是把内心的意思直接传导给他们。

上述女作家的那种谈话方式，倒不如到戈壁沙漠举行一次独白。因为，她并非在对有生命的人谈话，而是仿佛在没有人的地方自说自话罢了。

直率的表达

自古以来，对于所谓的谈话方式，就有很多无聊而不实用的书籍。这种书籍囿于所谓的规则以及仪式，蒙上一层神秘面纱，把一些老掉牙的雄辩术奉为金科玉律，甚至还列举了不少滑稽透顶的雄辩人士。

那些有心学习谈话术的实业人员，一旦到了书店或者图书馆，店员都会推荐一些无益的雄辩术书籍给他。以今日的美国来说，其他方面堪称很进步，但是学生们还是被强迫背诵雄辩家的著名演说，仿佛羽毛笔一般，已经不合乎时代的要求了。

到了 20 世纪 20 年代，所谓传授崭新谈话术的学校，有如雨后春笋般的兴起。这种学校的步调较能配合现代精神，就跟汽车一样，又崭新又实际，方法像电报一般的直接，效果又好像广告一般的立竿见影。往昔流行的夸大谈话方式，如今已经不再受到听众的欢迎了。

不管是出席于集会的 15 名实业界人士，或者是集合于运动场的 1000 名群众，现在的听众所喜欢的谈话者，都必须具备广泛的知识以及亲切的态度，更重要的是，还必须具有充分的热情与精力。

说实在的，为了使人看起来自然一些，在面对着 40 个人演讲时，所付出的精力当然要比对一个人说话时超出很多。这种情形就好像在大厦顶端的塑像一般，为了地面上观众的视觉效果，非得把它巨大化不可。

自然的雄辩

有一次，当马克·吐温在尼巴达的矿山镇结束他的演说时，一个年老的矿工走近他说：“你时常能这样发挥自然的雄辩吗？”

将“自然的雄辩”扩大，就是听众所要听的演讲。

欲把这种被扩大的自然气息据为己有，唯一方法只有靠练习。当你在练习时，一旦发现自己是以夸张的态度说话，就得暂时停下来，在内心里责骂自己：“喂！你在干什么呀！把眼睛睁大一些吧！说得更像人话一些！”接着暗中从听众里面选出一个最后面的人，或者最不注意你的人，开始对他谈话。

这时，你必须忘掉还有很多其他的人，而只跟那一个听众说话。你不妨想象那一个听众正要质问你，而你也准备回答他。你甚至也可以想象只有你一个人可以回答他，那么在这个过程里，将必然使你所说的话更像会话般直接而自然。

你甚至可以自问自答。例如，你在谈话的中途可以说：“或许大家会询问，为了使你们同意这个主张，我能提出什么证据？那……我就会如此回答你们，我的确有证据。那就是……”

如此一来，你便可以在很自然的情形下打破谈话时的单调，使你的谈话变成率直、快乐而适宜的会话。

就是在工商会议中，也可以跟普通友人谈话一般，很率直很自然地发表谈话。其实，工商会议的集会就是朋友们的大集会，所以只要采用跟友人谈话的方式，就可以在集会的谈话里获得成功。

被看成演说家就是意味着失败

刚刚我曾经提到某位女作家的谈话方式。其后，我又在那位女作家发表谈话的舞蹈室中，愉快地聆听了奥利巴·洛吉的谈话。

那一天，奥利巴谈的主题是“原子与世界”。他为了这个主题，倾注了半个世纪的考察、研究以及实验。奥利巴很想表达这个构成他思考、精神以及生命的一部分，以致忘怀地演说着。不过，我们并不在乎这一点。

奥利巴很热心地谈论着，企图让我们看到他自己看见过的东西，以及让我们感觉到他曾感觉过的东西。结果，奥利巴所谈的话，充满了魅力与震撼力，教听众留下很强烈的印象。奥利巴是非常具有天分的演说者，但尽管如此，他并没有要显示自己才能的意思。同时，所有听过奥利巴谈话的听众，也几乎没有一个人认为他是演说家。

如果听你谈话的人们，认为你是经过了一段时间的谈话训练，那么对指导你谈话的老师来说，这并非是一件很有名誉的事情；尤其是对我们讲座上的讲师来说，那更是件非常没有名誉的事情。听众认为你受过谈话的训练，那么不管你讲得再自然，听众也不会感动，那是因为你说得太自然，太完美无瑕，所以听众就不会去注意你的态度，只能意识到你在谈话而已。

4. 把自己投入说话的内容中

感情的火焰能够除去障碍

当你发表谈话时，诚实、热心以及认真的态度，都对你有所帮助。当一个人被自己强烈的感情支配时，便会将真正的自我呈现于表面，而除去所有的障碍！

感情的火焰足以把所有的“围墙”烧掉。在这种情形之下，一个人能够无意识地行动，也能够在无意识之下说话，要多自然就有多自然。

关于这件事，我已经强调了很多次，说得更明白些，就是要把你自己投入话题中。

狄恩·布劳恩在耶鲁大学神学院教授有关传教的课程时，曾经对学生说：

“有一次，在伦敦的教堂礼拜中，我的友人曾经上台传教，我永远也忘怀不了那时的情形。那位传教的人名叫乔治·马克多纳尔，待唱诗班唱完了圣诗以后，他说：‘相信大家都是信仰极为虔诚的人，所以关于信仰到底是什么？我没有再加以说明的必要，因为我们有众多比我更适合于说明的神学教师。我今天站在此地，乃是要帮助大家培养信仰心。’”

接下来，他为了使听众产生信仰心，便以很纯朴的方式，很有力地表达出他对眼睛看不到的，有关各种永远之真理的信仰。他的话充满了诚恳，所以那一次的谈话非常成功，而这些都是扎根于他纯朴的内在生活。

暧昧但确实的方法

“因为他的话说得很诚恳……”谈话秘诀就在此，不过一般人却都喜欢求取绝对确实的方法，也就是清晰而能感觉得到的方法，就像学习开车的入门书籍，必须列出很清楚的法则。

确实的东西就是人们最喜欢的东西。就以我来说，如果可能的话，我也乐于提供绝对确实的方法。一旦能够做到这种地步的话，无论是对于我或对于听众来说，事情都会变成很容易。现在并非没有这种法则，只是这种法则有一个缺点，而那个缺点就是它并没有实际的用处，且将会从人们所讲的话中，夺去其自然以及鲜活的生命。

在年轻时，我为了试着使用这种法则，就曾经浪费了很多精力。就像美国幽默作家乔治·比林克斯曾经说过的：“对于不真实的事情，就算知道得再多，也没有用处。”

爱德门·巴克无论是针对论理方面、条理方面或者文章的结构方面，都留下了很多动人的演讲稿。一直到今日，美国各大学仍然把它当成雄辩的经典文章研究。

话虽如此，作为一个演讲者，他都是彻底的失败。由于他的演说缺乏力度及趣味性，结果他被取了一个绰号——“通知下议院晚餐时间的钟声”。每逢他站起来演说时，其他的议员不是故意咳嗽，就是动来动去，或者打盹，有的人甚至走了出去。

就算是使用钢铁制成的枪弹，如果使用空手投掷的话，根本就不可能伤到对方所穿的衣服。如果利用蜡烛替代枪弹，再塞进火药发射的话，就算是坚硬的松木板也能够被射穿。同理，具有钢铁枪弹一般质地良好的演说材料，一旦背后没有任何刺激力量的话，其效果就远不及塞火药的蜡烛似的演说。

5. 累积使声音有力而柔软的训练

不是原因而是结果

当我们向听众传达思想时，通常都利用富于变化（声音及肉体方面）的要素。例如，耸耸肩膀、移动手腕、皱眉头、增大声音、变化声音的高低，或者变化说话的速度。

不管是哪一种要素，它们都不是原因，而是一种结果，这一点必须牢记。为了调节时间而引起的变化，我们的精神与感情状态会直接受到影响。正因为如此，站在听众面前时，最好是准备自己都会动心的话题，以及自己最拿手的话题。

大多数的人不管是发音、举止，都喜欢固定于一种类型，而很少利用富于活力的手势，以及变化声音的高低，于是常丧失了会话的新鲜感以及通畅。一旦使谈话保持千篇一律式的快或者散漫，很快就会使谈话的人及听众变得心不在焉。

所谓使举止自然的意义

在这本书里面，我一直在重复强调必须使举止自然。只要你不装模作样，即使说话粗鲁了一些，或者谈话方式单调了一些，听众都不会过度计较。不过，我所谓的顺乎自然，乃是指诚心地表现出你的想法。

另一方面，所谓上乘的演讲者，都是用心于增加语汇以及使比喻式的表现丰富方面，而很少考虑到自己缺乏改良的能力。也就是说，只要有心改良自己，每一个人都能够达到改良的目的。

对音量、声音的高低，说话的速度展开自我批评及指正时，可以借重录音带或是请朋友加以指正，如果能够得到专家的指导，那就更为理想了。

不要在听众面前耍技巧

不过你必须记牢一件事，那就是所有的练习，都必须在没有听众的地方进行。一旦在听众面前说话时，就不宜使用技巧，否则将明显地减低谈话的效果。

一旦走到听众面前，你就必须把自己投入谈话里面，如此才能够使听众对你所说的话留下深刻的印象。只要你能够做到这种地步，在 10 次演讲中，至少就有八九次能够说出强而富于说服力的话。至于听众所获得之感动，将远比阅读书籍来得大。

第五部

说话的各种阶段

第十二章　司仪、颁奖、受奖者的演说

我准备在下一章说明一些准备长时间演讲的诀窍。在本章里，我要先叙述当司仪的诀窍。同时，我也要附带地说明颁奖以及受奖者的演说。

莫名其妙的介绍

作家兼演说家约翰·布劳恩，在美国各处获得了许多听众的热情。有一个夜晚，他跟司仪在一起谈话，司仪告诉布劳恩："你不要因为一直想着要说什么话而感到坐立不安。我最反对在演讲以前做准备。实际上，所谓的准备根本就没有什么好处，而且还将损及你的魅力，使听众的快感锐减。以我个人来说，就一向喜欢在站起来时，才静待着灵感的来临。凭这种做法，我从来就不曾失败过。"

听了这种自信十足的话，布劳恩期待着这位司仪将会为他做一番精彩的介绍。在布劳恩的著作《我好像已经习惯》里，

他回顾那一件事——

“想不到那个人站起来时，竟然做了如下莫名其妙的介绍：‘大家好！我想借用一下各位的耳朵。今夜，我给各位带来坏消息。我们本来是要请爱沙克·马克逊先生来演讲，可惜他不会来了，因为他生病了（拍手）。于是，我便邀请布列多利吉参议院的议员来演讲……想不到他太忙了，又无法抽身（拍手）。最后，我又去请堪萨斯城的罗依多·克罗堪博士，想不到又碰了一鼻子灰（拍手）。到头来，在万不得已之下，我只好请布劳恩先生来充充场面……’”

布劳恩回忆着那一场灾难，写下——

“那个灵感至上主义者的司仪，总算还没弄错我的名字。”

“向内引导”为司仪的职责

那个自认为灵感能够解决一切的人，他那一种介绍方式，无论是对被介绍者以及听众来说，都没有尽到义务。其实，司仪的义务虽然不多，但是却很重要，不过有很多的司仪并没有注意到这一点，这个事实让我感到惊讶。

基于目的方面来说，演讲时的介绍跟社交性的介绍，都有着相同的任务，因为两者都能够把谈话者跟听众链接在一起，制造出友好的气氛及紧密的关系。

凡是认为司仪没有演讲的必要，只要介绍说话者就可以的人，都犯了很大的过错。没有一种演说像介绍时的演说一般被忽略，而这种结果不外是负责介绍演讲者的司仪们轻视了这一件事的缘故。

“介绍”英文为“introduction”,乃是合并两句拉丁语“苗多洛”(向内)及“狄丘列”(引导)而形成的。整句意味着它能够巧妙地把我们引诱到话题内部，期待对方的谈话。为此，介绍者必须把有关演讲者的背景，也就是演讲者的资格，介绍给听众。

换言之，介绍者不仅负有介绍演说者的义务，更负有对听众“推销”话题的义务，而且必须在短时间内达成这个任务。

这些都是介绍者必须做的事情。但是，实际上他们有没有如此做呢？十之八九的答案都是否定的。绝大部分的介绍演说都是有气无力的，而且“无力”的情形几乎让人无法容忍。难道我们只能坐视这种结果发生吗？那也不见得。只要司仪自觉到任务的重大，再以正确的方法尽他的义务的话，就将成为一个成功的司仪。

以下，我就要传授有关介绍演说的诀窍。

1. 做好充分的准备

慎重的准备

司仪所说的话，时间上几乎一分钟不到，因此内容必须简单扼要，而且必须有慎重的准备。首先必须搜集事实，而这些事实包括 3 个项目：(1）演说者发表谈话的主题。(2）谈论这个主题的谈话者的资格。(3）谈话者的姓名。有时，还会再加上一个项目，那就是谈话者所选择的话题，是否是听众特别感到关心的事情。

对于正确的论题，以及谈话者如何展开主题，司仪必须有某种程度的认识。司仪所说的话里面，如果不曾正确地传达谈话者对主题的立场，将对谈话者造成不好的影响。为了避免这种过错，除了了解谈话者的主题以外，在介绍的演说内容中，也不宜对谈话者将说的话大做预告。

不过话又说回来了。司仪的义务除了正确地传达谈话者所要发表的主题以外，还要指出它跟听众的利害关系。司仪可从谈话者本身获得这方面的情报，如果非转由第三者获知不可的话，那就请第三者写下这些情报后，再请谈话者校正一下。

如此一来，将会有大半的时间耗费于搜集有关谈话者的资料，所以如果谈话者是全国性或是地方性的名人，你就可以透过名人录等档案，获得正确的数据；如果是有限区域内的著名人物，那就可到该人物工作地方的人事课查问。有时，还可以打电话询问该人物的亲友或者家族，以确定你所调查的事情是否属实。最重要的是，必须正确地掌握你将介绍之人的经历。只要是跟发表谈话者亲近的人，他们一定很乐于提供数据给你。

只列举必要的事实

列举太多的事实反而会令人感到厌倦。例如，当你介绍某人是博士之后，就可不必再提到他的学士、硕士学位。同样，列举该人物大学毕业以后所历任的职位时，只要说出他目前的职位就可以了。尤其是不应先说一些不重要的事情，而把该人物最大的事迹漏掉不提。

我曾经听到某位司仪如此介绍诗人叶慈。在那个集会里，叶慈将朗读自己的诗作，而且3年前叶慈曾获得文学家最高荣誉的诺贝尔文学奖。据我自己的推测，在那个集会里，知道诺贝尔奖以及其重要性的人，可能不满10%，所以司仪应该倾力地说出这两个重点。结果，司仪始终不提这两件事情，而一直在扯神话以及希腊的古诗。

名字绝对不能弄错

对于发表谈话者的姓名，必须正确地记牢，并且要求读音也要正确无讹。例如约翰·梅逊·布劳恩，就曾经被介绍为约翰·布劳恩·梅逊，甚至有些草率的司仪还把他叫成约翰·史密斯·梅逊。

加拿大著名幽默作家史蒂文森·利考克，在他的著作《今夜是属于咱们的》里面，叙述某次他被介绍的经过——

“在我们这些人里，有很多人翘首盼望这位作家的光临。或许是时常拜读他的作品吧！虽然我们跟他是初次见面，但却有一种会见故友的感觉。实际上，他的大名在我们的市镇里，已经是家喻户晓，说是没有一个人不认得他，也不算是夸张。能够介绍他给各位认识，乃是我至高无上的光荣。他就是——李洛依德先生！”

你的调查必须具体而实在，因为只有具体化，方始能够达到介绍的目的，提高听众的关心，使他们容易接受演讲者所说的话。

那些在准备不足之下来到会场的司仪，几乎只能想出教人昏昏欲睡的介绍语：

“我们的演讲者被公认为是这个话题的权威，嗯……嗯……他一直被认为是这方面的权威。我们的演讲者针对这个问题所要谈论的事情，乃是我们一直最关心的事情。而且，他又是从非常……非常遥远的地方，拨冗来到此地……特地来此跟大家见面……请稍等一下……唔……对了……我很高兴地为大家介绍——布兰克先生。”

2. 遵从T · I · S的公式

处理一般的介绍演说时，T·I·S 公式可作为调查及搜集事实的参考。

T——Topic（话题）。介绍时必须正确地叙述话题。

I——Importance（重要性）。在这个阶段里，必须在话题与听众的特殊利害关系之间，架好一座桥梁。

S——Speaker（谈话者）。在此，必须介绍谈话者杰出的资格，尤其是必须介绍其跟话题相关的资格，最后并且必须很清楚地报上谈话者的名字。

活用创造力

这个公式具有使你充分运用创造力的功能，因为介绍演说没有必要成为枯燥乏味的演说。纽约的报纸编辑赫马·逊，负责把纽约电话公司的重要人物乔治·威尔鲍介绍给新闻界的介绍词，便是在无意识之下应用了这个公式——

今天演讲者所要讲的题目是“电话为你服务”。

恰如到了任何时代，热衷于恋爱以及赛马的人永不会绝迹一般，世界上最大的谜题之一，便是在打电话时出现。

为何会发生电话号码错误的现象呢？为何从纽约打电话到芝加哥，有时比起打到邻近地区的电话更容易打通呢？

将为我们演讲的人，不仅能够回答这个问题，更能够回答有关电话的其他问题。他从事于电话事业已整整20年，所以关于电话事业大大小小的事情他都极为了解。他的工作之一就是把他的事业内容说明给大家。威尔鲍先生拥有电话公司重要人员的头衔，可以说是当之无愧的。

威尔鲍先生将为我们说明电话公司是如何努力地为我们服务。大家不妨把威尔鲍先生当成守护神，如果你最近发生了有关电话方面的问题，威尔鲍先生将担任你的辩护人。

大家好，我现在就介绍纽约电话公司的副总经理——乔治·威尔鲍先生！

请大家注意一下，司仪是使用何种巧妙的手段，使听众针对电话思考呢？他利用质问听众的方式，引起了他们的好奇心，再暗示听者，演讲者可能会针对那些质问，以及任何听众发出的质问，一一给予答复。

可悲的错误

前面所介绍的演讲，并非预先写好再背诵起来的，即使它变成书面文字，仍然像日常的会话般自然。由此可见，介绍的演说不宜采取背诵的方法。

在某一夜的集会，康纳利亚·史基那经由司仪介绍给大家。那一位司仪忘掉了背过的讲词，在无计可施时他叹了一口气说："我们原先要聘请的哈多提督，由于他要价太高了！因此，今夜我们特地另外请康纳利亚先生上台演讲。"

介绍时必须力求自然而清新，所以应该随机应变，不宜使它变成死板或语气尖锐。

前面列举的介绍威尔鲍演说，不曾使用"使我感到愉快"或者"无上光荣"等老掉牙的文句。介绍演讲者的最佳方法，乃是单纯地介绍他的名字。

也有一些司仪为了对听众以及演讲者表示他的重要，而滥用三寸不烂之舌，说得天花乱坠，更有一些司仪喜欢拿演讲者的职业开玩笑。如果你想达到有效的介绍目的，那就得尽量避免这些过失。

巧妙活用公式的例子

以下是一则出色的介绍例子，它虽然忠实地遵守公式，但是仍不失其独特的个性。介绍者爱多嘉·谢纳德克，一面介绍著名的科学教育者兼编辑的杰拉鲁多·恩多，一面很巧妙地把公式中的三方面“织”了进去——

“所谓《今日之科学》的话题，实在是一个很重大的问题。一提起这个问题，我就想到了一个精神病患者。这个患者一向为‘猫在他体内做巢’的幻觉所苦。因为不管精神医生使出任何方法，都无法使他脱离幻觉的纠缠，以致医生只好为他举行了一次象征式的开刀。当病人从麻醉中醒过来时，医生抓了一只黑猫给他看，并且对他说：‘我已经把你肚子里面的猫抓出来啦！以后你不会再感到痛苦了。’谁知病患却不以为然的说：‘那一只折磨我的猫并不是黑色的，而是灰色的呀！’

“今日的科学就跟这种情形一样。想抓铀 235，都碰到钠或者铀 233 之类的猫群。所谓的元素也者，就好像芝加哥的冬天一般让人头痛。最早的科学家，也就是古代的炼金术师，为了探求宇宙的神秘，不时地跟死神格斗，希望能够延命，以探求宇宙的神秘。想不到今日的科学家，却已经能制造出那个梦想。

“今天的演讲者杰拉鲁先生，对于科学的现在及未来了如指掌。他是芝加哥大学的化学教授，也是宾夕法尼亚大学的校长，甚至还兼任俄亥俄州哥伦波斯产业调查研究所的理事长。他也曾经在政府机关做事，是编辑又是作家。他出生于艾德华州的达宾波多，在哈佛大学取得学位。他累积了有关军事工厂的研究，也曾经到欧洲旅行。

“杰拉鲁多先生在科学界担任多数教科书的著作以及编辑的工作，他最有名的著作是《为明日世界的科学》。他在纽约担任世界博览会的负责人时，出版了这本书。他也担任过《时代》《生活》《财务》等杂志的编辑顾问。他的科学新闻解说，拥有广泛的读者。

“1945 年，他的著作《原子时代》公开发表的时候，也就是原子弹被投到广岛后的第 10 天。‘真正被看好的时期，是从现在开始’——这是杰拉鲁多先生的口头禅。事实上，也正是这样。在此，我以能介绍杰拉鲁多博士为荣，想必大家也会喜欢听他的演说。”

奉承时要谨慎

在不久以前，人们流行在介绍演说者时，把他赞扬得比实际还要好上几倍。司仪喜欢把花一般美丽的赞词加在演讲者身上，而可怜的演讲者在听过这些言过其实的赞扬以后，往往就不敢开口说话。

很受欢迎的幽默演说家汤姆·考林斯，曾经对《司仪入门》作者哈巴多·普洛克纳说：“对于一个想以幽默的演讲博得听众一笑的演讲者来说，碰到司仪对听众如此说——不久以后你们一定会笑得前仆后仰，在地上打滚……的话，将对演讲者构成致命伤。司仪为了介绍你，而把笑匠威尔·罗杰的影子拖出来的话，那你就不如回家吧！因为司仪等于已经毁了你的演说效果。”

赞扬不够也不好

虽然赞扬过度不好，但是称赞不够也不宜。史蒂文逊·里考克回忆起一段令他感到不是滋味的介绍辞：“这是今年冬季演讲的第一回。如大家所知，去年举办的演讲并不算成功。实际上，去年岁末的会计结算，我们得了赤字。于是今年我们改变了方针，聘请了比较廉价的演讲者。大家请注意！我要为你们介绍里考克先生！”

里考克先生很坦白地说出了他的感想：“被贴上‘廉价演讲者’的条子走到听众面前时，会有什么感觉？你不妨自己去想想看！”

3. 充满热情

司仪的巧拙将左右到演讲者

介绍演讲者之际，态度跟言语同样重要，必须以亲切的态度临场，虽然不必用嘴巴说出你现在有多么的幸福，但是你可以一面说话一面从内心表现出你愉快的态度。

在最后报告演讲者的名字时，只要以到达高潮的感觉介绍的话，就可以增加期待感，听众将以更热烈的鼓掌迎接演讲者。只要听众如此地表示好意，它就会影响到演讲者，当然也就会变成一种刺激，使演讲者倾尽他的所能。

休止·分离·加强语气

在最后要说出演讲者的名字时，如果运用“休止”、“分离”以及“加强语气”三项，那么对你将有很大的帮助。

所谓“休止”，乃是在说出演讲者的名字之前，稍微沉默一小段时间，以便使听众有所期待。所谓“分离”，乃是在姓与名之间，稍微留一些空间，使听众能够对演讲者留下鲜明的印象。所谓“加强语气”，乃是指用劲地说出演讲者的姓名。

除此以外，还有一点必须注意，那就是说出演说者的名字时，不要把面孔朝向他，而仍然把面孔朝向听众，待说完演讲者的名字时，方才把面孔朝向他。

我就看到过很多失败的例子。虽然司仪介绍演说得很好，但是由于在最后司仪一直看着演说者，完全忽略了听众，而使得效果非常差。

4. 以诚实为宗旨

最后的一点，乃是要以诚实为宗旨，不要去中伤演说者，开那种“带刺”的玩笑。而说话吞吞吐吐、不干脆，有时也会引起一部分听众的误解。反正，以诚实为宗旨就不会错，因为那时你正处于需要高度洗练以及外交手腕的立场。或许，你跟演说者具有亲密的关系，然而听众并不如此，所以当你随随便便说出一些话时，可能会被认为含有某种其他意义。

5. 受奖者致辞时的注意事项

人人都喜欢被重视

“人心最深处的愿望，乃是名誉受到重视。”女作家玛裘莉·威尔逊所说的这一句话，把一般人的感情毫不造作地表现出来。我们都希望自己的人生圆满，希望获得他人的赏识以及重视，就算是一句赞美也好，所以难怪正式的表彰能够有如魔术一般，使人心情高扬。

著名的网球选手阿鲁迪·吉普生，在他的自传里写道：“我希望自己能在某一方面有所成就。”他的这一句话，事实上也就是每一个人的愿望。

在颁奖致辞时，必须对受奖者保证他在某一方面确实有了“惊人的成就”。凡是受奖者，都是以某种努力获得成功者，所以都必定具有某种资格获得荣誉。因此，颁奖时必须简单扼要地说明：“我们是为了赞赏获奖人而集合。”

对于时常获得荣誉的人来说，或许所谓的“奖状”并不算什么，可是对于运气并不怎么亨通而偶然得奖的人来说，或许这将成为他毕生的记忆。正因为如此，颁奖致辞时，对于言语的运用，必须多用一点心。

（1）必须说出他得奖的理由。不管是对长年的全勤奖或者是优胜奖，甚至是为杰出业绩所颁发的奖，都要对其得奖的经过展开简洁的说明。

（2）从得奖者的业绩之中，挑出大家关心的事谈一谈。

（3）叙述得奖者如何能够得奖，以及大家对得奖者如何的支持。

（4）替代大家对得奖者的将来，表达一些祝贺之意。

以诚心的方式表达

这一类演说虽然简短，但是更需要诚实的心。因为发表颁奖致辞不仅是对得奖者，就是对你来说，也是一件荣誉，而且选你作为发表此项演说的人们，也会认为把需要动脑筋与心思的事情交给你去做，一定能使他们感到称心满意。

与其瞎捧不如强调好感

虽然要对得奖者表示好感，但是发表颁奖演说的人，绝对要避免逞能逞强而得意忘形，以致犯了过错，因为过度夸张的叙述，乃是一件极易发生的事情。虽然得奖者确实是有资格获奖，但是太过火的赞扬最好要避免，因为那不仅会使受奖人坐立不安，就是连听众也会感到肉麻。

同时，也不宜夸张该奖的重要程度。与其强调该奖的莫大价值，不如强调你和听众对受奖人的好感。

6. 受奖者的心得演说

简洁而勿夸张

受奖者的演说应该比颁奖者的演说短。当然啦！那些演说的内容也不必暗记，不过事先把要说的话整顿好，总是对你有益处的。此外，千万要保持镇定，以免在答礼时，不知应该说一些什么。

只是说："谢谢……"或者"今天是我毕生中最快乐的日子。"或是"今天我碰到了最高兴的一件事。"并不是很动人的答礼方式，这种说法跟颁奖致辞一般，仍然潜伏着一种夸张的危险性。

与其如此说，不如以更中庸式的言词，很巧妙地从内心说出感谢之意。以下便是一个值得介绍，而且比较正式的受奖演说方式。

（1）对于颁奖者由衷地表达感谢之意。

（2）与协助你的同事、部下、友人以及家族一同分享荣誉。

（3）叙述该奖对你自己具有何种意义。如果得到的是礼物，又是经过包装的话，不妨把它打开，让听众瞧瞧，再对他们说明其用处。

（4）最后再次衷心地说出感谢之意，以此结束演讲。

在本章里，我已经谈论了 3 种特殊谈话的方式。由于工作的关系，或者由于你加入的团体、俱乐部等的关系，说不定你就能把它们派上用场。

当你要进行这类的演讲时，我奉劝你要慎重地遵守书上的建议。只要如此，你就能够做到适时适地的演说，由此获得很大的满足感。

第十三章　有计划的演说

在有计划之下谈话

一个理智的人，绝对不会在毫无计划之下盖自己的房子，然而当他开始谈话时，是否也能针对主题，在毫无准备之下侃侃而谈呢？

所谓的“谈话”，就像具有目的之航海一般，必须凭着航海图决定航路。如果在漫无目的之下出发，当然就无法抵达自己想要去的地方。

如果可能的话，我想在这个地球上，逢到有学生研究有效果的谈话方式时，不妨以拿破仑的这段话作为座右铭——

“战术就是科学，除非经过计算以及思考，否则绝对不能获得成功。”

这一句话，不仅可应用于战争方面，亦可应用于谈话方面。然而，说话的人是否都察觉到了这一点呢？纵然是察觉到了，但是有没有付诸实行呢？据我所知，多数的谈话几乎都是在毫无计划与准备之下进行的。

3 个主要的阶段

欲把一些思想更有效果、更上乘地组织起来的话，应该如何进行呢？首先，必须把那些想法好好地研究，否则什么目的也达不到，更不可能得到正确的法则。在激励听众行动的演说里，我们可以分成 3 个阶段进行。

所谓的 3 个阶段，就是“唤起听众注意的阶段”、“说话的本体”以及“结论”。关于发展各个阶段有帮助的方法，有以下几项经过长年考验的做法。

1. 一开始即引起听众的关心

有一天，我请教西北大学的校长林·哈鲁特·赫克博士，作为一位资深的演说者，他是否获得了某种启示性的经验？对于我这个问题，博士稍微思考了一下回答说：“必须想出一开始就能引起听众兴趣的话。也就是说，想出一开始就能够获得听众的好意以及关心的话题。”

赫克博士这一句话，已经触及具有说服力的谈话方式的核心。你应该如何做，才能一开始就吸引听众呢？以下就是几个好方法，只要你好好地应用它们，便能够一开始就牢牢地抓住听众的心。

（1）以事件或者实例开始

以新闻解说者、演讲家以及电影制作者的身份名闻国际的罗威尔·汤马斯，针对《阿拉伯的劳伦斯》，作了如下叙述——

“有一天，当我在耶路撒冷的基督徒街漫步时，碰到一个穿着豪华服装的男人。由外表看起来，他似乎是东方的特权阶级。他的身侧佩带一支镀金的剑，这种剑似乎只有预言者穆罕默德的后裔才能够佩戴……”

他以此开始演讲，因为基于他的经验，诸如此类的开场白最能够引起听众的好奇心，而且绝对不会招致失败。由于他的话题会移动，会向前行进，连听众也会紧跟着它前进。当我们认为自己也变成了话的一部分时，便会很想知道究竟发生了什么事情。

除了使用实例展开演讲以外，我就不知道是否有其他的话题更能够发挥引导人的力量。以下的话题我已经运用了好多遍，这一个话题当场就能够引起听众的关心。

“大学毕业后不久，有一个夜晚我在南达克达州的休伦市漫步。这时，我看到一个男子站在肥皂箱上面，对着一群人说话。在好奇心的驱使之下，我也加入了听众里面。‘大家晚安……’站在肥皂箱上面的男人说：‘你们知道印第安人中，何以没有秃头的人吗？女人为何不会秃头呢？现在，我就告诉你们理由……’”

像这种话，不宜中途停下来，更不必多说一些开场白，如此长驱直入的方式，将更容易引起听众的关心。

使用产生自本身经验的故事开始谈论的演讲者，可以说是处于安全的地盘上面。因为，他不必暗中去摸索自己要说的话，所以思绪也不会中断。把你的人生经验再度展现出来，必能够在你跟听众之间制造出和睦的关系，并且能使你更充满自信。

（2）制造紧张的气氛

以下，就是鲍尔・希利在费城体育俱乐部演讲时所用的开场白——

“82年前，伦敦发行了一本小型的书籍。结果呢？它竟然变成了不朽的名著，到处都有人在阅读它。大多数人都称它为‘世界上最伟大的小书’。这本书刚刚问市时，在史多兰多街以及贝鲁梅尔碰到的好友们，都在彼此询问是否看过那一本书？而答案总是一样的，大家都异口同声的说：‘看过了。’

“上市的那一天，那本书就卖了1000本。在还不到两个星期时，已卖出了15000本。从此以后，再版了好几千次，而且还被翻译成很多国家的语言出版。数年前，J・摩根以一笔极大数目的金钱，购买了那一本书的原稿。如今，这部原稿被陈列于他的艺术展示馆里面，就安置在各种贵重的宝物之间。这一本世界闻名的书叫做什么名字呢？你们知道吗？那就是……”

如何？你感到兴趣吗？你想知道更多吗？这个演讲者是否引起了听众的好奇心了呢？这个开场白是否引起了你的注意呢？为何会如此呢？总而言之，它是先引起了你的好奇心，再增强你的期待之心。

“好奇心”！难道有人能不为这3个字所动吗？依我看，连你也不得不动心吧？你一定想知道那是什么书，作者又是什么人，对不对？为了满足你的好奇心，我就把答案告诉你吧！作者的名字叫查尔斯·狄更斯，书名叫《耶诞赞歌》。

制造紧张是使听众感到兴趣的绝对有效的做法。以下就是我在主题为“消除不安，快乐地生活的秘诀”的演讲里，试着制造紧张的一个例子——

“1871年的春天，一个后来成为世界著名的物理学家，名字叫威廉·欧斯勒的青年，拿起了一本书籍，阅读了将来会影响他很大的21个字。”

这21个字是什么呢？那篇文章对他的将来有何影响呢？听众一定很想知道答案的……

（3）叙述冲击性的事实

宾夕法尼亚州立大学婚姻分析所所长克利福德·阿达姆斯，有一天寄了一篇论文给《读者文摘》，题目是《找寻伴侣的方法》，他在序文中便引用了一个骇人的事实。

“今日，我国的青年想凭借结婚抓住幸福的想法，实在让人感到担心。离婚率的上升让人感到害怕。1940年，5对或6对的夫妇中就有1对婚姻触礁。到了1946年左右，这种比率预计会上升到每4对里就有1对。如果这种倾向长期地继续下去的话，到了50年后，比率将上升到1/2。”

以下，我还要举出两件“冲击性的事实”，作为开场白的例子——

“陆军部预测，如果现在发生原子战争的话，一夜之间，就会有两千万的美国人被杀。”

“几年以前，斯克利甫·霍华系的报纸，投下176000美元的费用，举行了一次‘消费者对零售店的不满’的调查。这一次乃是针对零售业，投掷最多费用所展开的一次又科学又彻底的调查，总共对16座城市的54047个家庭展开询问。其中的一个询问为‘对这个城市的商店最不满的地方在哪里？’对于这个询问，将近2/5的人提出了相同的答案，那就是‘店员不懂得礼貌！’”

这种开场白的叙述方法，对于跟听众建立感情比较有效果，因为那些话给了听众很大的冲击。这是为了使听众把注意力集中于演讲的主题上，而使用的手段，乃是以听众意想不到的事实，赢得他们的关心，也就是一种“吓人的技巧”。

在华盛顿讲习会上的一个女生，更有效地使用了这种利用人类好奇心的方法，她的名字叫梅格·修伊儿。以下，就是她的开场白——

“我整整被囚禁了10年。不过，我并非被关在一般的牢房，而是被囚禁在劣等的围墙里面……害怕他人批评的铁格子，根本就跟牢房一般无二。”

关于这一句表白，你是不是也想知道得更清楚一些？

使用令人大感惊讶的开场白必须避开的“危险”，也就是不能太造作或太过于情绪化。就像假若有一个人在谈话以前，都要先使用一把枪向空中发射一次，那么他所说的话固然能让很多人关心，但是他也震破了听众的耳膜。

在晚餐桌上试一试

开场白必须以会话的方式展开。如果你想知道自己说的开场白是否像会话，那就不妨在晚餐桌上试试看。如果你的那些话不适于在晚餐桌上使用的话，那么在听众面前它也不可能像会话。

避免一意孤行

有时你认为能够引起听众关心的开场白，实际上都让人感到不胜其烦。例如，最近我曾听到一个演说者如此说："信神，同时也信自己的能力……"听起来确实充满说教的意味，而且让人感到厌烦。不过请你注意下面这一句教人产生兴趣的告白，演讲者在说这句话时充满了感情——"家母在 1918 年新寡，在全无遗产之下，必须靠着她的一双手抚养 3 个孩子……"

省略开场白

如果想使听众感兴趣的话，不妨省略开场白，一开始就进入谈话的核心。法兰克贝卡就是采取这种方法。他写了一本书《我如何在贩卖外交方面获得成功》，并在最初的一行就以使人感到紧张的方法来写。在美国青年商业工会的主办之下，他跟我一起巡回于美国各地，举行有关贩卖的演讲。他对演讲很热衷，同时他的演讲方式也一直让人佩服。

他从来不说教，不装腔作势，也不说一般理论，总是单刀直入演讲的主题。譬如，他曾经说：“自从我决心过职业棒球选手的生活以后，过了不久发生一件事情，给了我有生以来最大的冲击！”

这个开场白到底对听众产生了多大的效果呢？因为我始终在场，当然知道得一清二楚。每一个人都很想听听法兰克受到冲击的理由和状态，以及法兰克如何处置它，于是都感到兴致高昂。

（4）叫听众举手表达意见

为了唤起听众的关心，不妨让听众以举手的方式来回答你的询问。例如，我以“防止疲劳”的主题举行演讲时，就曾经使用过这种方式——

“我想用举手的方式跟大家沟通一下，大家认为自己往往比预料中更快就会感到疲劳的人请举手。”

此外，你还必须注意一件事情，那就是叫听众举手时，必须使他们有思考的机会。你不能一开始就说：“认为所得税必须降低的人到底有多少呢？请举手！”

在你如此做以前，必须给听众表示意见的机会。你不妨这样开始：“对于一个具有重大意义的询问，我要求大家举手。以下就是我的询问——在你们之中，有多少人相信赠品交换券对消费者有利益？”

请听众举手的技巧，能够获得“听众参与”的珍贵反应，只要使用它，你所说的话就不再是“单行道”了。如此询问后，再叫听众举手，他们就会针对自己喜欢的话题，思考自己本身的事情。甚至他们会一面举手，一面再看看还有谁会举手，以致忘记自己正在听演讲，而开怀地笑出来！冰块已经融解了，演讲者及听众都会感到无比轻松。

（5）给予听众利益的保证

真正要引起听众关心的话，那就告诉他们只要按照你的方法去做，就能够获得他们想要的东西。以下就是几个最明显的例子。

“我现在要教大家一个防止疲劳，每天多一小时清醒时间的方法。”

“我要教大家一个大量增加收入的方法。”

“只要利用 10 分钟听我说话，我就教大家一个更能吸引人的方法。”

“诺言”式的开场白，因为能够直接给听众利益，当然能够引起他们的注意。尽管事实就是这样，但是演讲者往往懒于把他的话题跟听众的心事链接起来。

很多演讲者不仅不去开启“注意之门”，反而会拖拖拉拉地叙述主题的由来，以及说一些理解话题所需要的参考事项，使得听众猛打哈欠。

数年前，我听到一场对听众具有重要意义的演讲，那是强调定期健康检查必要性的演讲。演讲者并没有把话题本来具有的魅力，有效地在开场白中增强，反而使用冷淡的背诵方式说出来，以致听众都感到兴趣索然。

如果你这样说的话，效果就不同了——

“你认为自己还能活多久呢？寿险公司利用上百万、上千万人类的寿命作为参考，创造了所谓平均余年的算法，也就是以 80 减去现在的年龄，答案的 2/3 就是你的余年……那么，你认为有那些余年就很不错了，对不对？不然！我们都希望长寿，因此这种推算还不能算是正确。不过，你知道如何才能使自己长寿吗？那些统计家推算出来的残余生命，真的能够延长吗？答案是可以。那么应该如何做呢？现在，我就来告诉大家……”

这种说法是否能赢得你的关心，而使你不得不仔细地听下去呢！关于这一点，我就留给大家去判断吧！

当你曾不由自主地仔细倾听演讲，乃是因为演讲者不止是在谈论你的人生，同时也是在谈论对你非常有利益的事情之故。演讲者一旦采取这种方式谈话，听众根本就无法抗拒他。

（6）使用展示物

引起听众注意最简单的方法，莫过于提示眼睛所能够看到的东西。不管是单纯或是复杂的人，对于视觉的刺激几乎都会去注意。

例如，来自费城的 S·易利斯在我们的讲座上，就曾经使用大拇指与食指抓一个货币似的牌子开始谈话，使得听众都不约而同地向他注目——

“你们有人曾经在人行道上看到这一种牌子吗？对于幸运的拾主，据说会赠送不动产开发计划的一部分地皮。凡是看到它的人，只要拿着它，打电话到不动产开发公司就行了……”

接下来，易利斯就以那个牌子为开端，以论理的方式，非难不动产业者容易招致误解的做法。

以上所叙述的方法，都具有值得推举的长处。它们可以单独派上用场，也可以经过组合才端出来。不过，听众是否会接受你以及你的说法，那就要看你是如何把话说出来了。

2. 勿使听众对你产生厌恶感

你不但要引起听众的关心，而且要赢得他们好意的关心才行。只要是一个聪明的人，他绝对不会去侮辱听众，更不会说出一些叫听众产生反感的话。话虽如此，在演讲时犯了如下这些禁忌者，还真为数不少呢！

（1）勿以辩解开始

一开始就辩解的演说，绝对不能带来好的开端。例如，演讲者以抱歉的口吻说他没有时间从事准备，或者他实在不适合于这次演讲，等等。其实，这些话都是多余的，他是否准备妥当，就算他没有说，听众自然也能够察觉出来。

事实上，不曾经过准备的演说，不是比经过准备的演说更具有价值吗？或者你是认为对付那些听众，只要使用一些陈腐的材料搪塞就够了，根本就不必为他们准备什么话题呢？

其实，为什么要说这一些话来侮辱听众呢？听众根本就不想听那些话，他们喜欢听对自己有益的事情，以及能让他们关心的事情。你最好一开口就抓住听众的关心。我并不是说在第二句话或者在第三句话时方才引起听众的关心，而是要在第一句话就引起他们的关心！

（2）避免以滑稽的话作为开场白

有一种多数的演讲者喜欢使用的伎俩，我并不曾介绍过，那就是以滑稽的谈话作为开场白。由于他们具有一种深刻的误解，以为刚学会演讲的人，必须使用“玩笑话”作为开场白，以便使现场明朗化、愉快化。

这些喜欢以“玩笑话”充作开场白的人，往往自负地认为自己是再生的马克·吐温。事实上，这一招是行不通的。如果你知道“玩笑话”常会招来悲哀的事情的话，你一定会感到狼狈异常，而且或许有一些听众老早就听过你所说的笑话了呢！

不过，对任何的演讲者来说，幽默的感觉都是很贵重的本钱。所谓的演讲者，不管是开场白或者是全体，并不一定要像大象一般稳重，或者始终保持严肃的态度。如果你能够引用当地的状况，以及当场发生的事情，或者将前面那些演讲者的举止掺进你的机智中，使听众发生愉快的笑声的话，那你就不妨表现一番吧！

除此以外，你也可以发挥你的观察力，找出一些古怪而可笑的事情，再将它们夸张化。诸如此类的幽默，比起固定式的笑话，将获得更大的成功率，因为它能拉近与听众之间的距离，而且又是独创之物的缘故。

最容易引起愉快笑声的，乃是描写你自己的糗事，这也是幽默的精髓。多年来，杰克·贝尼都是使用这种方式，他是第一个嘲笑自己的广播喜剧演员。例如，他曾说出自己不善于拉小提琴、因贪心所招来的祸事，以及倚老卖老的毛病，而把自己说得一文不值，引起听众哄然大笑，使得收听率年年高升。

对于那些以幽默的方式把自己的缺点抖出来，故意卑视自己的演讲者，听众都很感到兴趣。但是相反，对于那些自作聪明、装腔作势的演讲者，听众的反应都一向很冷淡，而且还会排斥他。

3. 补充主要的思想

那些能激励听众实际行动的长篇大论，一定会有好几个要点。其实，所谓的要点是越少越好，而且都需要补充的材料。在本书第七章里，我们曾经针对要点（也就是你希望听众做的事情），谈论过利用经验谈以及例证补充的方法。使用实例的做法，由于能够引起人类的基本性冲动，以致广泛地被利用。

尤其是事件及各种实例，更为一般的演讲者所喜用，不过这并非补充要点的唯一方法。除此以外，像统计数字、专家的证言、模拟、展示物以及实地演练等，都可以派上用场。

（1）利用统计数字

统计一向被使用于表示事象（概念性）的均衡，因为单一的实例很难让人相信，所以有所谓印象式的说服方式产生。例如，有关小儿麻痹疫苗计划的效能，曾经由获自全国的统计数目，而得到很高的评价。虽然有极少不见效的例子，但是以全体来说，已经足以证明它的功效。

统计本身是枯燥乏味的，因此只有在迫切需要时，才会使用它们。逢到利用统计时，不妨加上一些鲜活的言词，藉以引人注意。

纽约人时常不立刻去接听电话，以致浪费了很多时间。例如，100 次的电话里，其中就有 7 次电话到被对方接听为止前，必须浪费 1 分钟以上的时间，如此累积下来，纽约人每天就要浪费 28 万分钟。以纽约全市计算，在 6 个月之内，这 1 分钟的浪费，将等于哥伦布发现美洲以来，一般公司或者银行营业时间的总和。

单纯提出数学单据及数量，不会使人留下很深的印象，所以举出例证是非常必要的一件事。我曾经在克兰多·克利堤防下的动力室，听到某位介绍者的说明。其实说明房子的大小，本来可以用几平方公尺来表示就可以了，但是这位介绍者的说法更富于说服力。他利用能收容 1 万名观众的球类比赛场，来比喻该房子的大小，而且他还补充说明纵然如此也还有余地设置几个网球场。

班上的一位学员曾经提出了前年在火灾中烧毁的房舍数目。他说如果把那些烧毁的建筑物排列起来的话，长度将等于纽约到芝加哥之间的距离。对于烧毁的房舍数字我已经忘记了，可是从纽约到芝加哥那燃烧中的房舍，至今仍然很清晰地出现在我的眼前！

（2）利用专家的证言

利用专家的证言，能够使演讲中的主题更为明确化。不过，在利用以前，还必须检查它是否合适？

A. 你想利用的引证是否正确？

B. 你要引用的材料是否出自专业人员之手？例如，谈论经济时，若以拳击家的话为见解，那就不妥了。很明显，这并非在利用他的长处，而只是在利用他的知名度。

C. 引用的材料是否出自听众熟悉以及尊敬的人？

D. 确定他的话是基于客观理论而说？或者是出自个人的偏见？

布鲁克林讲座上的一个学员，在说到工作专业化的必要性时，引用了安德鲁·卡耐基的谈话。他的选择很正确，因为他引用的人不仅有正当的资格谈及专业化的问题，同时也是听众尊敬的人物之一。

不管是就哪一种工作来说，必须专精才能够成为该部门的专家。据我所知，对很多事情都关心的人，几乎没有一个人获得成功。凡是成功的人，都是选择一个专门职业，把毕生精力投注于这个专门职业的人。

（3）使用模拟

据《韦氏辞典》的解释：“所谓的模拟者，乃是存在于两种东西之间的相似关系，而非该东西本体的类似性，通常是由两个或者两个以上的属性或是效果的相似所成立。”

使用模拟方式，可以补充主要的论点。吉拉多·德比逊担任内政部次长时，曾经举行了“电力增强必要性”的演说。为了补足论旨，请大家注意，他是如何使用模拟方式的——

“繁荣的经济必须不断地向前推进，否则将一直下跌。飞机的情形与此是类似的。在地面时，那些螺丝并没有用处，不过在空中飞行时，它们就会发挥出本能。飞机飘浮于空中时，就得继续前进，不动的话，就会掉下去，而且也无法后退。”

（4）使用展示物或者实地演练

一位火炉制造公司的主管人员，当他召集特约贩卖部的店主谈话时，深感必须针对一个事实——燃料并非从上面而是应该从底下补给，而展开戏剧性的表现方式。他在经过一阵思索以后，在蜡烛上点火，然后说：“请大家注意，现在火焰不是很清澄而且燃烧得很好吗？燃料虽然会变成热量，不过几乎不冒烟。蜡烛的燃料就仿佛补充炉子的火一般，必须从底下供给。如果这一支蜡烛的燃料从上面添加的话，又会变成如何呢？”说到此地，谈话者把蜡烛倒过来又说：“如此一来，火焰变小了很多，同时也冒出了烟。由于不完全燃烧，火焰也会变成红色。由此可见，从上面补给不完全燃料的结果，火焰必然会熄灭。”

亨利·摩顿在《你的生活》杂志上面，发表了一篇文章谈到“律师如何赢得诉讼”。他生动地描写一名叫易夫·哈马的律师，因损害诉讼事件担任保险公司的辩护人时，如何利用舞台式的演出，以获得胜利——

“原告波斯鲁斯威诉说，是电梯的回转轴掉下来击中了他的肩膀，使得他无法把右臂抬起来。

“哈马装出很同情的表情说：‘波斯鲁斯威先生，你能把手臂举到什么地方呢？不如做给陪审员们瞧瞧。’波氏小心翼翼地把手臂举到耳朵处。‘那么，你还没受伤以前又能够举到什么地方呢？’结果波氏一面说：‘大约这样……’时，一面把手臂举到了头上。”

关于这一次的实地演练，陪审员会有如何反应，那就有待大家去判断了。

说一些长话激励听众展开行动的时候，可以举出三四个要点。但是，虽然用嘴说出来的话，花费不到一分钟，不过对听众来说，暗记起来仍然有些麻烦。为此，你不妨使用一些材料来补充这些论点，而且这些补充材料也能够为你的谈话添加活力与趣味。只要巧妙地利用事件的实例以及比较、实地演练等手法，就不难使你的主题变得活泼与生动。此外，利用统计及证言，更能够强调真实性，以及论点的重要性。

4. 促进行动

成功的关键在于结尾

有一天，我去拜访产业大亨以及人道主义者乔治·琼森，并且和他谈了两三分钟。他很擅长于演说，不时惹得听众又笑又哭，而且听众在听过他的演讲以后，往往都无法忘怀。

他并没有专用的办公室，庞大而忙碌的工厂中的每个角落，都是他的事务所。“你来得正好，我刚刚做好一件工作。”他对我说，“我今夜要对公司员工说一些话，现在我正在写一些结尾的话。”

“把整个的话题在内心里整顿好，如此就能比较放心。”我对他说。

“哪里，我从来就不曾把开始到结尾的话都在内心里整顿过。”他说，“我一向只整顿概略的想法以及最后的结尾。”

他是十分内行的演讲者，即使没有时时使用名言、名句的野心，但基于长年的经验，他已学会了成功演讲的秘诀。他知道欲使演讲成功的话，结尾比什么都重要。为了加深听众的印象，必须使全部的演讲顺着论理的脉络，自然地注入结尾。

错误的结尾语

结尾是演讲中最重要的战略要点，因为它是演讲者给听众的最后意念，也是一种余韵，能自然长久地留在人们的记忆里面。

很遗憾的是，初次学会演讲的人往往都忽略了这个重要性，以致结尾语常给人一种不伦不类的感觉。

他们几乎都喜欢说：“到此为止，关于这个问题的意见我已经说完，因此我就要在这里结束谈话。”这么说，无异是在为自己的无能放烟幕弹，也等于是在说：“谢谢大家听我的谈话。”

老实说，这并非“结尾”，而是一种“错误”。如果真的已无话可说，那么何不干脆省掉那些多余的话坐下来呢？至于你所谈的结论，那就让听众去下判断吧！

有句话说：“抓牛时，为了方便事后放开它，最好不要抓它的角，而去抓它的尾巴。”不知做结尾的演讲者，就仿佛抓了牛的角一般，不管怎样努力，一旦放开了牛角，就再也无法立刻跑到就近的围栏里。结果呢？只得一面恶战苦斗，一面在原地打转。

这种尴尬的情形能避免吗？凡是要演讲的人，非得想到结尾语不可。然而面对着听众，在紧张万分之下想集中精神思考结尾语，实在是很不容易。所以，最好在事前就准备一下，如此就可以在很圆满之下，完成你的演讲。

至于到底如何做，才能把演讲结尾带到最顶端呢？以下就是一些启示。

（1）摘出要点谈论

长时间演讲时，如果演讲内容拖拉不断的话，到了最后听众还是抓不到要点。很遗憾的是，演讲者很少能察觉到这一点，他认为那些要点在自己的内心有如水晶般明亮，听众自然也不例外。虽然演说者耗费了一段相当长的时间，建立了自己的思想，但是对听众来说，它却是第一次进入他们的耳朵里面。这种情形，就仿佛向听众扔出一把散弹似的，只能给他们支离破碎的印象。

大文豪莎士比亚就说过：“听众可以记得很多东西，然而明确地说来，都绝不是个完整的记忆。”

爱尔兰的某政治家说出了他的演讲秘诀：“首先你可以透露一些你想说的事情，再仔细说明那件事情，最后再总结你到底说了一些什么。”

（2）要求听众行动

到了你要求听众行动的最后阶段，接下来就要全面地展开要求了。你可以要求他们参加某种行动、要求捐款、要求投票、要求加盟、要求打电话等等。不过，你要先确定一下你是否遵守了以下的注意事项。

要求必须具体

不宜说：“请你援助红十字会。”因为那太笼统了。必须说：“今夜，到本市第一二五街的美国红十字会捐出您的善心。”

求取听众能力内的反应

如果你对听众说：“对饮酒的恶习投反对票。”那实在太牵强了，这种事情即使想做也做不来。所以，不如叫他们加入禁酒同盟，或者叫他们捐款给不让禁酒法复活的团体。

使听众容易行动

“写一封信叫州里所选出的议员投反对这个法案的票。”凡是听到这句话的人，99%都不会写那种信。与其如此做，你不妨亲自写信给议员说：“在下面署名的人们，都希望你对第七四三二一号法案投反对票。”并在听众面前阅读。然后，让这封信跟一支笔在听众之间传递，如此的话，一定能够获得很多人的联署赞同。

第十四章　日常会话

显现于日常生活的种种效果

学员们常常问我，如何把这本书所介绍的技巧，应用到日常生活方面。

的确，售货员之所以能够增加贩卖额，经理级人物之所以能够获得升迁，主管人员之所以能扩大其支配范围，乃是使用了有效果的谈话方式下命令，或者提高了解决问题的技术所使然。

诚如李察·德勒所说：“谈话的型、谈话的量以及谈话的气氛，在产业的意思传达组织里面，都具有举足轻重的力量。”

将军牌马达公司的负责人弗雷德·凯纳利，他也如此说：“将军牌马达公司所以对谈话的训练那么关心，最根本性的理由之一，乃是要使监督者都能成为好教师。”

从跟求职者面谈开始，监督者必须透过新职员进入公司时的训练阶段，决定正式的部署，而且在考虑到他们的升迁问题时，监督者还必须不断地对部下说明无数的问题，甚至被上级要求对部下展开批评、教导与责骂，或者是沟通。

本书所指导的有效谈话术，适用于日常的谈话方面，而在他人面前有效果的谈话法则，对领导会议的进行也很有帮助。

思想的重整法、说话的技巧，以及传达意思所必要的热情跟认真，到了解决的最后阶段，都会变成思想的重要因素。这些因素本书都已彻底谈论过了，剩下来的一件事情，就是大家在参加会议时，必须能好好地把自己学到的东西拿出来应用。

现在就开始应用

对于本书第十三章中所说的，你或许仍弄不清楚该在何时派上用场。我对此的答复是——现在立刻就把它们派上用场。

在本书第七章中，我曾经强调过，在大家面前说话时，必须应用 4 个一般目的中的一个。这里所谓的“4 个目的”也就是指提供知识以及情报、使听众快乐、使听众同意你立场的正当性，以及激励他们做某一件事情。在大众面前演讲时，无论是对于谈话的内容、谈话的态度，都必须把目的明确地区别开来。

在日常会话方面，这些目的将更具有流动性，借着它们彼此的混合，再随着话题的进展，将不断地发生各种变化。例如，本来是在谈一些心事，突然把话题转到买卖方面，又谈到防止浪费的方法、储蓄的好处等等。

只要把学自本书的技巧应用到日常会话方面，我们就能够把自己的想法传达给他人，甚至能技巧的激励他人行动。

1. 在日常会话里使用细部描写

在本书第四章中我已经劝导过大家，在谈话里加入细部描写以后，将能够使你的话显得更为生动。不过在第七章里，我是针对在大众面前演讲而说。事实上，在日常会话里也可以使用细部描写。你不妨想想周围善于谈话的人，他们不就是善于使用细部描写的手法吗？

为了增进会话的技术，非有自信心不可。如果欲达到这个目的的话，你可以参照这本书的前 3 节。只要你能够加入他人的谈话里面，在非正式的场合中发表意见的话，就可以培养出一种必要的安定感。就算是在有限的范围里，由于产生了热烈地发表自己想法的念头，必然就能够在自己的经验之中，寻找适合于会话的题材。如此一来，你的话题就会不断地扩大，察觉到自己也能开始以新的眼光面对人生。

当主妇们开始把谈话技术应用于会话的小团体时，她们方才会发现自己对于报告种种事情，突然变得很热心。辛辛那提的哈特夫人说："我受到了新产生的勇气的鼓舞，开始参加社交的集会活动，谈起话来也比以前活泼多了。我再也不躲在自己的硬壳里，反而积极地参加各种活动。"

一旦被学习的意欲刺激，想应用学来的东西发挥一番时，一个人就会变得活泼起来，同时相互作用的齿轮也将活动起来。目的建成的循环过程被形成之后，只要按照本书教过的原则付诸行动，你就可以充分地体会到成就感。

我们之中只有极少数是从事教师的工作，不过我们都有很多机会谈一些能提供他人知识情报的话。例如，如何以父母的身份教导孩子、说明如何教邻人种植玫瑰花等等。关于提供知识以及情报方面，本书第八章所叙述的各项也可以派上用场。

2. 在职业场所活用有效的谈话术

在这里，我们要进入在意思传达过程中，对职业有影响的领域。对于售货员、经理、店员、课长、群体指导者、教师、牧师、护士、医生、律师、技师等工作者，我们必须说明其特殊范围的知识，并且负起专业指导的责任。

巧妙地表现言语的能力，可以在搜集知识及情报时培养，这种技术并非只限定在正式谈话里发挥，它也可以应用到任何人的身上，并且是随时随地都能够利用的。

3. 争取在公众面前说话的机会

除了在日常会话里利用本书的法则以外，你也应该去争取在公众面前谈话的机会，或者加入时常举行演讲的俱乐部，参与活动，担任一些委员会的工作。有机会的话，也不妨试一试司仪的工作。

你可以到需要演讲者的机构效劳。像募捐运动的主办者，老是在找寻募捐运动的演讲者，他们一定能提供你上台演讲的机会。事实上，很多著名的演讲者就是这么崛起的。例如，电视及广播界名人萨姆·李普森，原是纽约高中的教师，他在仅有的余暇活动里，开始讲述一些自己熟悉的身边琐事，自己的职业以及家族的情况等等。于是，开始有很多团体请他发表演说，使他再也无暇教书。从那时起，他就被电视广播界所罗致，开始客串性的演说，不久以后就到广播界发展自己的才华。

4. 再接再厉

有一天会突然进步

不管是法语、高尔夫球或是公众演说，反正学习新的东西时，并非一下子就能成功。学习的过程有如波浪般，有时空进，有时停滞。关于这种停滞以及退步的时期，心理学者管它叫“学习高原”。

学习有效果谈话术的学员们，也会有好几个星期被钉死在这种“高原”上面，好像任凭如何努力都脱离不开。于是，意志薄弱的人将因绝望而放弃，不过有耐心的人却会继续奋斗下去，以致有一天突然发觉自己竟在一夜之间有了惊人的进步。这时他将有如飞机一般，从高原升空，感到自己的谈话术有了长足的进步。

有如本书所叙述的一样，开始站在听众面前时，任何人都免不了会感到恐惧以及不安。不过，只要持之以恒地一再忍耐、一再磨炼，你就可以根绝所有的恐惧感以及困难。问题通常都会出现在刚刚开始的时间里，只要过了一段时间，你就可以控制自己，并且伴随着积极的喜悦，继续说下去。

林肯的忠告

一个决心攻读法律的青年写信给林肯要求指点，林肯答复他："如果你决心做一个律师的话，你已经达成了一半以上的目的……想成功的决心，比什么事情都重要。关于这一点，你要时时铭记在心。"

林肯有过这种亲身的体验。在他的一生中，他上学的时间不足一年，不过所读的书却不少。林肯说过，凡是在离他家乡10英里以内的藏书，都被他读遍了。林肯小屋里的暖炉整夜都燃烧着，而他就是利用这些火光读书。林肯喜欢把他的书塞在圆木屋的木材之间，待翌日黎明时，他就揉着惺忪的睡眼，躺在床上研读。

他时常徒步20英里甚至30英里的路程去听演讲，在归途中，碰到杂货店有人群时，他就在现场练习演讲。他也加入纽塞伦与史普林菲尔的讨论会练习演讲。林肯在女性面前一直显得很害臊，到结婚为止的交往期中，他只是听着未婚妻玛莉·托德说话，却很少跟她说话。不过，林肯凭着自学以及练习，最后便与当时的雄辩家道格拉斯上院议员并称为议坛双杰。在盖茨堡及第二次总统连任演说上，他更发挥了人类史上难得一见的辩才，轰动了全世界。

输了 100 次也不放弃

白宫的总统室内挂着一张很传神的林肯肖像。罗斯福总统曾说："逢到必须对复杂而难下决定的事提出结论，或解决对立权利以及利害关系的问题时，我都会抬头看看林肯的肖像，想想若是遇到这种情形，林肯会怎么做。很奇妙的是，如此思索之后，我常能够轻而易举地解决问题。"

你不妨学习罗斯福总统的做法，在遭遇到挫折时，想想在这种情况下林肯会怎么办？至于林肯会怎么办？你一定知道。当林肯跟道格拉斯争参议院席次而遭受失败时，他曾经对友人说："不要说是一次，就是输了 100 次，我也不气馁。"

5. 坚信将来必有报酬而继续前进

把结果交给自然演变决定

每天早晨当大家在早餐桌上打开本书时，是否能够顺便记下威廉・詹姆斯教授如下的话呢？

"只要在读书的时间认真地学习，最后的结果不妨交给自然演变决定，不必为此忧虑。只要如此做，当你在晴朗的早晨醒过来时，就会发现在你自己选择的分际里，你已经变成了同辈中能干的人之一。对于这一件事，你可以做确实而绝对的期待。"

借用詹姆斯教授权威性的话，也就是说——只要累积正确的训练，久而久之，你就会在某一天的清晨醒过来之后，发现自己是一个能干的演说家。

也许现在你不相信这种说法，不过这是真理，除非你的智力及个性属于劣等，否则一定会成功。

平凡的职员变成了能干的演说家

新泽西州的史多克斯州长，出席了我们讲座上的结业典礼。他评论当晚的演说很出色，绝对不逊色于华盛顿议会的演讲。

其实这一位演讲者在一个月前，仍是个无法在大众面前开口，他是典型患有听众恐惧症的患者。他只是很普通的上班人员，想不到在某一天醒过来后，竟然变成国内能干的演说家之一。

我认识很多想努力挽回自信，试看在大众面前演讲的人们。那些人当中的成功者，很少是具有先天性的才能，几乎都是平凡的人，但是在不折不挠的努力后，都能勇敢地站在众人的面前。

忍耐与自信

在事业方面想获得成功的必需条件，乃是忍耐以及最后一定会获得报偿的自信。在学习有效果的谈话方面，亦复如此。

几年前的夏天，我到奥地利阿尔卑斯山的山下，准备爬山。据指南书上面的记载，该山非常难爬，外行的登山者非有向导不可。我跟友人都没有向导，而且我俩完全外行，于是有人问我俩这样妥当吗？而我俩都答以妥当。

“为什么呢？”那人又问。

“因为有人不带向导而成功地爬过这座山，而且我无论做什么事情都不曾事先就想到会失败。”我回答他。

使成功的潜在意识发生作用

你是否能成功，将受到你的思考所左右。你不妨想象自己能在完全地自我控制之下对别人演讲，那么只要有这种力量，你就很容易成功。也就是说，先有信心，然后才能成功。

在南北战争中，坚持不把炮舰驶入查理史顿港的狄潘总督说了好几个理由，而法拉卡特总督在听了他的话以后，告诉他还有另外一个理由。

“那是什么呢？”狄潘总督反问。

“那是因为你没有信心的缘故。”法拉卡特总督说。

以我们的讲座来说，最重视的是被扩大的自信，也就是做事时，必须有确信自己有能力达成的强烈自信。

埃默森说：“没有热情的话，根本就不可能有伟大的成就。”这一句话，就仿佛是通到成功的指标一般。

威廉·费鲁布斯是耶鲁大学最受欢迎的教授。他在著作《教书的乐趣》中如此叙述：“对我来说，教书是一股充满了热情的事情。恰有如画家描画、歌星唱歌、诗人写诗一般，我也热爱教书的工作。早晨起床之后，我都会迫不及待地想看看学生们。”

引导人生的“有效说话术”

只要对学习“有效说话术”充满热情，学习上的一些障碍就会消失殆尽，让你能面对如何使才能与力量集中的挑战。

你不妨想想自己能独立独行，以安定的自信心抓住听众的关心，掀起他们的热情，使大众同意你的想法并采取行动等，所带给你的优越感。此外，自我表现力也能够使你在其他方面干得有声有色。总之，“有效说话术”训练能够使你对所有的工作产生自信。

戴尔·卡耐基教室的讲师专用手册，有如下一句话——

当学员知道他自己也能够引起听众的注意，又能够得到讲师的赞扬时，他就能够萌生出从未经验过的内在力量，以及平静的感觉，着手做自己不曾想象到的事情，并且成功地完成它。他们会积极地想在他人面前说话，在职业以及社会活动方面扮演积极的角色，甚至成为指导者。

关于“指导者的资格”这一句话，各章都已屡次使用过了。清晰而有效的表现能力，乃是社会指导者应有的标志，且这种表现能力必须能运用自如于个人对个人的对话到公开的发言上。本书的内容，就是要帮助你，使你具备指导者的资格。